U0124723

从财报入手

读懂商业模式的关键数据

[日] 矢部谦介 / 著

吕艳 / 译

ZHEJIANG UNIVERSITY PRESS
浙江大学出版社

图书在版编目（ＣＩＰ）数据

从财报入手：读懂商业模式的关键数据 /(日) 矢部谦介著；吕艳译. -- 杭州：浙江大学出版社，2023.10

ISBN 978-7-308-24090-1

Ⅰ.①从… Ⅱ.①矢… ②吕… Ⅲ.①会计报表—会计分析 Ⅳ.①F231.5

中国国家版本馆CIP数据核字(2023)第150634号

KESSANSHO NO HIKAKUZUKAN

Copyright © K.Yabe 2021

All rights reserved.

First original Japanese edition published by NIPPON JITSUGYO PUBLISHING Co., Ltd.

Chinese (in simplified character only) translation rights arranged with NIPPON JITSUC
PUBLISHING Co., Ltd.

through CREEK & RIVER Co., Ltd. and CREEK & RIVER SHANGHAI Co., Ltd.

浙江省版权局著作权合同登记图字：11-2023-273号

从财报入手：读懂商业模式的关键数据

[日] 矢部谦介 著　吕　艳 译

策　　划	杭州蓝狮子文化创意股份有限公司
责任编辑	黄兆宁
责任校对	朱卓娜
封面设计	袁　园
出版发行	浙江大学出版社
	（杭州市天目山路148号　邮政编码310007）
	（网址：http://www.zjupress.com）
排　　版	杭州真凯文化艺术有限公司
印　　刷	杭州钱江彩色印务有限公司
开　　本	880mm × 1230mm　1/32
印　　张	7.125
字　　数	140千
版 印 次	2023年10月第1版　2023年10月第1次印刷
书　　号	ISBN 978-7-308-24090-1
定　　价	59.00元

版权所有　侵权必究　印装差错　负责调换

浙江大学出版社市场运营中心联系方式：（0571）88925591；http://zjdxcbs.tmall.com

财务报表其实很有趣

"工作和投资都需要看财务报表，我也希望自己能够看懂。但是，阅读财务报表好像很难……"

你是否也有这样的想法？

报纸和杂志上的文章等定性信息不足以让人了解一家公司的实际状况，只有将财务报表等公司数据与定性信息相结合，才可以看清一家公司的真实情况。

在工作中，需要人们具备会计知识的情况越来越多，仅了解呈现销售额、利润等数据的损益表（P/L, profit and loss statement）还不够，我们还要结合资产负债表（B/S, balance sheet, 也称资金平衡表）、现金流量表（CF报表, cash flow statement）等财务报表（决算书）的知识，准确把握自己公司及竞争对手的实际经营状况并思考对策。我们必须掌握一定的会计知识，将其作为工具，把握经营形势，进行下一步的战略思考。

在投资时，财务报表也能提供有用的信息。对一家公司如何赢利、如何实现稳步增长的分析结果，可以作为预测其未来盈利能力和增长潜力的依据。

如上所述，我们已经知道阅读财务报表很有用，但为什么学会阅读财务报表却不太容易呢？

我认为原因之一是人们并不真正了解阅读财务报表的乐趣，阅读财务报表的目的是了解一家公司的真实状况，能够了解仅通过定性信息无法知晓的情况应该是非常有趣的。

要想感受阅读财务报表的乐趣，就必须在阅读财务报表的同时将其与公司的实际经营情况联系起来。有趣的是，通过对照查看会计数据和公司业务现状，可以发现两者并非独立存在，而是相互关联的。然而，阅读虚构的财务报表并不有趣，也无法培养强悍的财务报表分析能力。

因此，为了体会业务和财务报表相结合，并掌握公司真实情况的乐趣，有必要使用真实存在的公司财务报表案例开展训练，而不是只去看那些虚构的数据。

本书的所有案例均以真实公司的财务报表为基础，一旦了解了阅读财务报表的乐趣，你就会想要一个接一个地去看自己关心的公司的财务报表。如果你在读完本书之后也萌发了去看某公司财务报表的想法，本书也就完成了自己的使命。读者在大量阅读公司财务报表的过程中，其阅读、分析财务报表数据的兴趣和能力自然会被培养出来。

如何在短时间内阅读大量财务报表

开始阅读财务报表后，你就会发现，阅读大量的财务报表需要时间，要完成这项工作可谓相当困难。虽然为了提高阅读财务报表的能力而去阅读许多公司的财务报表，这样的做法是有效的，但是阅读每家公司的财务报表需要时间，所以很难往前迈进，从而容易产生对财务报表的倦怠感。

如果说不了解阅读财务报表的乐趣是你在试图提高阅读财务报表的能力时所面临的第一个障碍，那么因阅读需要时间而感到倦怠就是你要面对的第二个障碍。

克服第二个障碍的有效方法是以图形方式来阅读财务报表。之前你可能习惯了看起来只是一串数字的财务报表，但通过制图，你可以一目了然地解析一家公司是如何创造盈利商业模式的。

读者特别喜欢我之前的书《财报知道答案》中通过可视化财务报表来理解商业模式的方法，众多书评称，以前要通篇查看长达数页的财务报表和说明，而现在一眼就能从可视化财务报表中看出各家公司财务报表的特点，因此阅读企业财务报表也可以很有趣。

但是，上一本书的页数有限，无法涵盖大量的公司案例。出于这个原因，我收到了阅读更多以图表形式呈现的公司财务报表的请求。

因此，在这本书中，我对属于各个行业的许多公司的财务报表进行了图解，并设计成了"决算书图鉴"，以便读者查看。虽然有一些重复的内容，但如果通篇查看本书中提到的公司案例，你将能读到50多家公司的财务报表。看完这么多财务报表，你应该就能掌握看懂财务报表的小技巧了。

如果能掌握看懂财务报表的技巧，你或许就不会再因阅读各种公司财务报表需要花费大量时间而反感了。

比较财务报表的重要性

本书有一大特色，即在大部分章节中作为案例的公司财务报表是并排呈现的，便于读者对比。

许多章节展示了同行业多家公司的财务报表，通过并排查看，你可以看到同行业公司间的共同特征以及每家公司商业模式的独特性。

在阅读各章节的过程中，请先查看财务报表，之后再看解说，了解公司之间的共同点、相似点和不同点。另外，如果能就每家公司的商业模式先做出假设，之后再阅读解说，你将在获得乐趣的同时，提高阅读和分析财务报表数据的能力，也就是会计思维能力。

当阅读自己不了解的公司财务报表时，"哦，我在其他地方读到过具有这种特征的财务报表"的想法将成为你阅读各种财务报表的指南。因此，了解并牢记不同行业公司财务报表的共同点，以及具有独特商业模式的公司财务报表的特点，对于掌握财务报表阅读技巧来说很重要。

本书的结构

在本书中，财务报表按行业分类和比较，以便读者通过将各种财务报表视为图鉴的方式提高阅读与分析财务报表的能力。

第1章解说了如何粗略地阅读和理解财务报表，我们可以一边对职业棒球队、J联赛①球队等体育商业运营管理公司的财务报表等进行比较，一边了解阅读资产负债表、收益表、现金流量表等财务报表时的要领。

第2章比较了零售业和流通业的财务报表。零售业与我们的生活息息相关，但每家公司的商业模式都有自己的特点。我会着重分析零售商如何在竞争日益激烈的环境中展示其独特性，以及其独特性如何反映在它们的财务报表中。此外，我还将阐释综合贸易公司和专业贸易公司的财务报表的特点。

第3章展示了餐饮业、服务业、金融业的财务报表，我会比较餐饮业的商业模式和财务报表的关系，通过对比回转寿司顶级企业与一般企业的经营状况，解说回转寿司顶级企业成本虽高但仍能盈利的原因。有关DX②企业与银行，我也会分别阐释它们的商业模式

① 日本职业足球联赛，简称J联赛，是日本最高级别的职业足球联赛系统。
② digital transformation，简称DX，数字化转型。

以及与财务报表的关系。

第4章涉及制造业的财务报表。除了丰田和任天堂等日本领先的制造商，我还将解说日本电产株式会社[①]、基恩士和信越化学工业株式会社等拥有高利润的B2B[②]制造商的财务报表。

在第5章中，我将比较GAFA[③]及其竞争对手的财务报表，说明美国IT巨头的财务报表是什么样的，以及这些企业与竞争对手的财务报表有什么区别。

让我们将各种公司的财务报表视为图鉴，并从中掌握财务报表的阅读技巧！

[①] 株式会社，即日本的股份公司，也就是我们常说的股份（有限）公司，日本称股份为"株"，如一股，日本叫作"一株"。

[②] business-to-business，简称B2B，企业对企业。

[③] GAFA是谷歌（Google）、苹果（Apple）、脸书（Facebook）和亚马逊（Amazon）这四大互联网巨头的简称。

目录

Contents

第 1 章　如何阅读财务报表 ————————————— 001

第 5 章　GAFA 与竞争对手的财务报表 ——————173

结语　∕ 214

第1章

如何阅读财务报表

图解财务报表所涉示例企业

福冈老鹰 vs 阪神老虎

北海道火腿斗士队2018年12月期 vs 2019年12月期

川崎前锋足球俱乐部 vs 浦和红钻 vs 神户胜利船足球
俱乐部

乐天株式会社（非金融业务）2018年12月期 vs 2019年
12月期

藏寿司 vs 麒麟HD

如何阅读资产负债表

如何通过B/S解读企业战略与经营方针

首先，我会从三大基本财务报表中提取并说明资产负债表。

很多人说B/S比P/L更难理解，但是B/S比P/L更能体现企业的战略和经营方针。在这里，我们先了解一下B/S的基本结构，摆脱自己脑海中"B/S难以理解"的印象。

B/S描述了公司如何筹集资金以及它们如何投资这些资金。如果将B/S变换成金额和面积成比例的图表，会更容易理解，具体如图1-1所示。将资产负债表缩小为比例图并进行分析，你对B/S的理解会更加直观。

B/S右侧体现的是公司如何筹集资金，它分为银行贷款等最终需要偿还或支付的负债和净资产。净资产为归属股东的资本，无须偿还。

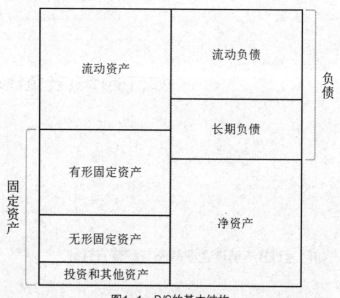

图1-1 B/S的基本结构

负债可以分为流动负债和长期负债两类，流动负债是指需要在短期内（大多数情况下在1年内）支付或偿还的负债，而长期负债的支付、偿还期限较长，大多数情况下在1年以上。

净资产部分显示了股东直接投资于公司的金额（资本金[1]和资本公积[2]）以及公司迄今为止所赚取的利润中已转化为留存收益[3]的

---

[1] 资本金即企业在工商行政管理部门登记的注册资金。

[2] 资本公积是指投资者或他人投入企业，所有权归属于投资者，并且投入金额超过法定资本部分的资本。

[3] 留存收益是指企业从历年实现的净利润中提取的留存于企业的部分，包括盈余公积和未分配利润两类。

部分（利润结转）等。企业可以将迄今为止获得的利润转化为留存收益以支付投资所需的资金，因此不必依赖借款。尤其是优秀的公司，其利润结转数往往非常大，因此在B/S右侧，净资产占比往往较大，公司负债率低。

B/S的左侧代表所筹集资金的投资对象，分为流动资产和固定资产。流动资产是指可在短期内变现的资产，固定资产是指预计短期内不会变现的资产，包括土地和建筑物等有实物形态的有形固定资产，软件等不具备实物形态的无形固定资产，以及包括投资性有价证券在内的短期内预计不会交易的投资和其他资产。

在看无形固定资产时，我希望大家能够关注商誉。商誉是公司发生并购（M&A，mergers and acquisitions）时收购价格与被收购公司基于市场价值的净资产的差额，M&A时的收购价格通常会超过基于市场价值的净资产。因此，商誉会被计入收购公司的B/S的左侧，资产估价中剔除被收购公司负债后的资产会在收购公司的无形固定资产下显示为商誉。

因此，当公司财报中记录有大量商誉时，其过去进行过大型M&A的可能性就很大。有关商誉记录的机制在第三章寿司郎全球控股（现名为FOOD & LIFE COMPANIES）和泉膳控股的案例中进行了详细说明，敬请参阅。

比较职业棒球队的B/S

球队战略可以通过固定资产的巨大差异解读出来

现在我们对B/S的基本结构有了一个简单的了解，接下来就让我们来看一看福冈老鹰（老鹰队）和阪神老虎（老虎队）的B/S，如图1-2所示。

看这些B/S有以下3点需要注意。

● 为什么老鹰队和老虎队的固定资产差距这么大？

● 职业棒球队想要拥有球场的原因是什么？

● "甲子园球场"的拥有者是谁？

为什么老鹰队和老虎队的固定资产差距这么大

两家公司资产情况最大的不同是固定资产占总资产的比重不同，老鹰队的固定资产占总资产的96%，而老虎队的固定资产占比仅为9%，如图1-2所示。

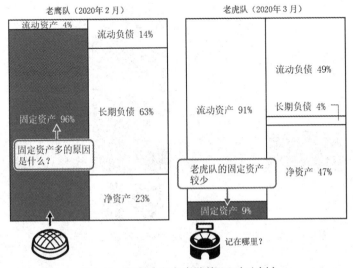

图1-2 老鹰队和老虎队的B/S（比例）

为什么会有这种差别？在透露细节之前，让我们来比较一下同一支职业棒球队北海道火腿斗士队（以下简称斗士队）2018年12月期和2019年12月期的B/S，如图1-3所示。

查看图1-3，可以发现，斗士队的固定资产从2018年12月期的21%增加到了2019年12月期的84%，流动资产由79%下降到了16%。

斗士队公布的B/S没有显示流动资产和固定资产的明细，但很可能是将被记为流动资产的现金和存款以及管理资产用于固定资产投资。

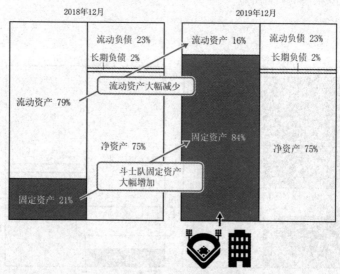

图1-3 斗士队2018年12月与2019年12月B/S比较（比例）

那么，斗士队的固定资产投资对象是什么？

职业棒球队想要拥有球场的原因是什么

答案是"新球场建设计划"，斗士队将斥资约600亿日元在北海道北广岛市建设"北海道棒球公园"，计划于2023年3月落成开放。

为了将这个新球场建设计划付诸实施，斗士队成立了一家新公司，名为Fighters Sports & Entertainment。该公司将负责球场运营等工作，而斗士队则成了这家新公司的第一股东（截至2021年3月底，出资比例为34.17%）。由于斗士队的投资额为82亿日元，因此可以推断，前面提到的固定资产增加是通过对这家新公司进行投资以建设新球场。

老鹰队同样拥有一座球场，因此才会有大量固定资产。2012年，软体银行集团以870亿日元的价格从新加坡政府投资公司手中收购了老鹰队的主场——福冈雅虎巨蛋（现福冈PayPay巨蛋，以下简称福冈巨蛋）。因为这座福冈巨蛋的所有权被记录在案，老鹰队的固定资产才会变得如此庞大。

除了可以减少球场设施使用费，球队还能通过以球场为中心的业务发展来扩大球迷服务范围，并确保从中获取相应的收益。因此，职业棒球队才会想要拥有自己的球场。

根据之前关于老鹰队的新闻报道，收购福冈巨蛋前的年度球场使用费约为50亿日元。将降低成本而节省下来的费用用于加强球队战力，会更容易获得高薪球员。

据《日本经济新闻》报道，斗士队的主场札幌巨蛋的年度使用费约为15亿日元，更重要的是，球队相关人士介绍，"我们无法自行维修，也无法出售商品或经营餐厅，甚至连我们母公司日本火腿株式会社的商品也无法自由出售"。由此看来，斗士队建设新球场的原因是每年的设施使用费已成为负担，并且球队在球场运营上无法发挥更大的自由度。

新建的球场周边将设置桑拿和水疗中心、酒店、豪华露营设施、竞技场、餐厅等，还会建有教育设施和住房等，球场以外的设施也会获得相应的收入，这就是斗士队启动新球场建设计划时的目标。

由于新冠疫情，球场的入场人数持续受到限制，但一旦新冠疫情消退，球场和球队一体化运营的方式将会取得新成效。因此，职业棒球队经营的趋势是通过对球场和球队的一体化经营来提高实力和客户满意度。

甲子园球场的拥有者是谁

老虎队的固定资产仅占总资产的9%，因此，该球队似乎并不拥有球场，那么老虎队的主场——甲子园球场的拥有者是谁？

答案可以在老虎队所属企业集团的控股公司——阪急阪神控股集团的有价证券报告书中找到，甲子园球场由球队的母公司阪神电气铁道股份有限公司（简称阪神电铁）拥有。

甲子园球场包括土地和建筑物在内的账面价值为500.83亿日元，但这些记录在阪神电铁的B/S中，而不是老虎队的财务报表中。关于甲子园球场的运营状况，2020年3月期的有价证券报告书称，"在阪神甲子园球场，与运动员相关的商品在餐厅、零售店受到好评，除此之外，我们还通过进一步充实餐饮菜单等方式致力于设施运营，提升了设施吸引力"。就老虎队而言，球队和球场已经由母公司进行整体运营了。

如何阅读收益表

通过P/L明确企业的利润结构

第二个主要财务报表是收益表，首先我们来了解一下P/L的基本结构。

创建收益表的目的是计算一年内通过交易取得的收益扣除费用后的利润。与资产负债表一样，以比例图的形式呈现P/L也会更容易理解，如图1-4所示。

在图解P/L时，费用项目［销售成本、一般和管理费用（销售管理费）、营业外支出、特别损失、所得税等］在左侧，收益项目（销售额、营业外收入、特别利润）显示在右侧。如果"收益—费用"为正，则在左侧显示当期净利润金额；如果为负，则在右侧显示当期净损失金额。

如果营业外收入、特别利润以及营业外支出、特别损失、所得

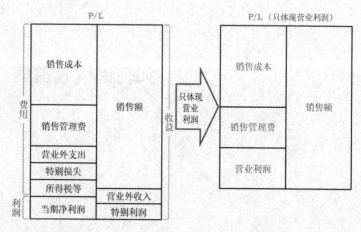

图1-4　P/L的基本结构

税等项目的金额不大，按照图1-4箭头右侧所示的只体现营业利润的图表来说明会更加简单直观。

在图1-4箭头右侧只显示营业利润的P/L图中，右侧可以显示通过销售商品、产品和服务获得的"销售额"，这是收益的代表项目。左侧则显示为"销售成本"（采购商品和原材料以及制造产品的成本）、"销售管理费"（除销售成本之外的主营业务所需费用）、按"销售额—销售成本—销售管理费"计算的"营业利润"（营业亏损的话，显示在右侧），这是费用的代表项目。

营业利润是指企业从事生产经营活动中取得的利润，所以如果了解了P/L结构，就可以看透公司主营业务的利润结构。

分析各个公司的P/L，我们可以看到，在某些情况下，除公司主营业务之外的日常活动产生的收益和费用（即"营业外收入"和

"营业外支出"）、只显示当年非经常性利润与损失的"特别利润"和"特别损失"，有时也会记录有大笔金额。当然，在这种情况下，最好通过图1-4箭头左侧的形式对P/L进行整体呈现。

阅读J联赛球队的P/L

看穿P/L中体现的商业模式差异

了解了上一节中说明的P/L结构，接下来，让我们一起通过J联赛球队川崎前锋足球俱乐部、浦和红钻足球俱乐部（简称浦和红钻）和乐天神户胜利船足球俱乐部（简称神户胜利船足球俱乐部）的P/L，来破译其各自的商业模式。

图1-5以比例图的形式总结了每支球队的P/L，如果并排呈现各支球队的比例图，就可以看出各J联赛球队的P/L在成本、销售管理费和营业利润方面所占比例的不同。各球队之间为什么会产生这样的差异呢？

在查看这些P/L时，以下3点尤为重要。

● 为什么川崎前锋足球俱乐部能够实现高盈利？

● 浦和红钻在营业收益方面有哪些优势？

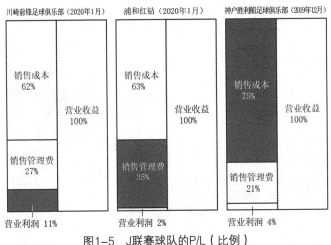

图1-5　J联赛球队的P/L（比例）

● 赞助收入模式有哪些特点和缺陷？

接下来，我会按照上面的3点来解说每支球队的商业模式与P/L的关系。

为什么川崎前锋足球俱乐部能够实现高盈利

图1-6显示了川崎前锋足球俱乐部2020年1月期的P/L以及营业收益和销售成本的明细。川崎前锋足球俱乐部P/L的一大特点是，其营业收益（相当于销售额）中营业利润的占比（营业利润率）为11%，是本节所列举的球队中最高的，那么，为什么川崎前锋足球俱乐部能够实现高盈利呢？

在收益方面，川崎前锋足球俱乐部的特点在"J联赛划拨款项"

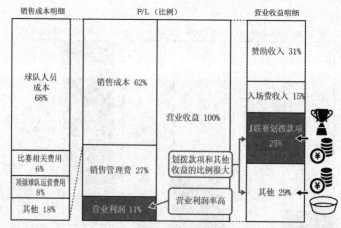

图1-6　川崎前锋足球俱乐部的P/L和明细（2020年1月）

（占营业收益的25%）和"其他"（占营业收益的29%）这两个项目中得到了体现。

"J联赛划拨款项"是J联赛根据比赛结果分配的资金。川崎前锋足球俱乐部曾在2017年和2018年连续两年取得J联赛冠军，此外，自2017年DAZN①获得J联赛的转播权以来，比赛奖金和划拨款项大幅增加（2020和2021赛季，考虑到新冠疫情影响，暂时停止向顶级球队发放理念强化配分金②），因此，川崎前锋足球俱乐部所获的划拨款项在收益中的占比有所增加。

此外，同样占收益比重较大的"其他"，包括产品销售收入

---

① 体育付费流媒体平台，成立于2016年。

② 自次年起的三年内，冠军球队可获得理念强化配分金15.5亿日元，第二名的球队可获得7亿日元，是顶级球队的主要收入来源。

等。川崎前锋足球俱乐部曾在授奖仪式中举起与川崎浴场协会共同制作的印有冠军沙盘图案的"浴桶"，并向球队的支持者出售，这支球队也因为此类与当地密切相关的独特企划而日渐闻名。通过销售这些具有当地特色的产品，川崎前锋足球俱乐部获得了高额利润。

费用方面，川崎前锋足球俱乐部也能够将成本率[①]和销管费用率[②]保持在较低水平。在球队取得良好成绩和平衡营业收益的基础上，成功管理球队人员和经费等成本是川崎前锋足球俱乐部实现高盈利的关键。

浦和红钻在营业收益方面有哪些优势

接下来是浦和红钻的P/L，如图1-7所示。浦和红钻的"赞助收入"占营业收益的比例最高（占营业收益的47%），其次是"入场费收入"（28%）。川崎前锋足球俱乐部的入场费收入占比为15%，神户胜利船足球俱乐部为11%。

浦和红钻以拥有众多热情的支持者而闻名。从每场比赛其球迷都会涌向主场，可以推断浦和红钻能够获得高额的入场费收入。

还有一件事不容忽视，那就是主场的容量。浦和红钻的主场是埼玉2002体育场（以下简称埼玉体育场）。埼玉体育场的观众容量

---

① 成本率=销售成本/营业收益。

② 销管费用率=销售管理费/营业收益。

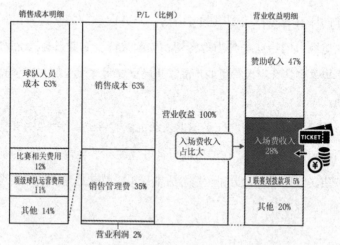

图1-7　浦和红钻的P/L和明细（2020年1月）

位居日本国内专用足球场之首，可容纳约6.4万人。川崎前锋足球俱乐部的主场等等力陆上竞技场（以下简称等等力）可容纳约2.7万人，而神户胜利船足球俱乐部的主场御崎公园球技场可容纳约3万人，由此可以看出埼玉体育场的观众容量之大。

可以说，无论是热情的球迷，还是大型的主场，都支撑着浦和红钻的较高入场费收入。此外，狂热球迷的存在也是产品销售收入的基础。

可以肯定的是，由于新冠疫情，球场的入场人数受到限制，这对浦和红钻的经营造成了很大的负面影响。不过，一旦席卷全球的新冠疫情结束，入场费收入将不受球队表现和赞助商动向的影响，有望成为俱乐部稳定的收入来源。这一点对于浦和红钻来说，是在营业收益方面的一个强项。

川崎前锋足球俱乐部计划将其主场等等力改造成一个专门用于球类运动的体育场，从而将容量扩大到3.5万人，由此可以推断其目的就是增加入场费收入。

赞助收入模式有哪些特点和缺陷

最后，我们来看一看神户胜利船足球俱乐部的P/L，如图1-8所示。

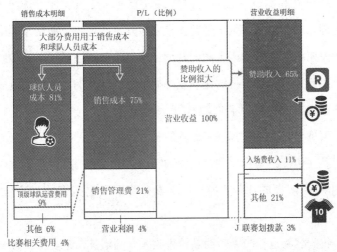

图1-8　神户胜利船足球俱乐部的P/L和明细（2019年12月）

神户胜利船足球俱乐部的收益特征是"赞助收入"占很大比例（占营业收益的65%）。据推测，其赞助收入主要来自母公司乐天集团的赞助。本节中P/L示例的是J联赛中营业收益最高的三支球队，其中，神户胜利船足球俱乐部的营业收益最大，达114.4亿日元，紧随其后的是82.18亿日元的浦和红钻和69.69亿日元的川崎前锋足球俱乐部。也就是说，支撑神户胜利船足球俱乐部领跑J联赛营业收益榜单的就是赞助收入。

另外，该球队赞助收入的主要去向是"销售成本"（占营业收益的75%），从销售成本的明细来看，"球队人员成本"占比高达81%，可以说，赞助收入中有相当一部分被用于"球队人员成本"。

神户胜利船足球俱乐部以挖掘世界著名球员而闻名。2019赛季，神户胜利船足球俱乐部曾拥有来自西班牙巴塞罗那足球俱乐部的伊涅斯塔、原效力于英国阿森纳足球俱乐部的波多尔斯基和原效力于西班牙马德里竞技的比利亚。据推测，球队的大部分人员成本都是球队为这些著名球星支付的巨额年薪。

引进名将，不仅提升了球队的实力，也极大地提升了球队的知名度。在伊涅斯塔和比利亚加盟的2018赛季，神户胜利船足球俱乐部的SNS①粉丝同比飙升166.2%，2019赛季也出现了50.3%的高增长率。

收购名将也会带来"商品销售收入"的增长，事实上，神户胜利船足球俱乐部的商品销售收入从2018年12月期的3.88亿日元增加

---

① social network services，简称SNS，即社交网络服务，包括社交软件和社交网站。国外主流的SNS平台有脸书（Facebook）、推特（Twitter）、照片墙（Instagram）等。

到了2019年12月期的5.31亿日元。

　　赞助收入型球队的特点是通过引进名将来提升知名度，增加收益，但这种商业模式存在一定的缺陷。如果赞助商停止赞助，球队的营业收益就会急剧下降、公司有陷入经营危机的风险。

　　这种风险在鸟栖砂岩足球俱乐部身上就表现得十分明显。鸟栖砂岩足球俱乐部在2018赛季从马德里竞技引进了球员费尔南多·托雷斯，但此后球队的主要赞助商宣布退出，导致其营业收益急剧下降。2019年，该球队营业收益为25.61亿日元，而球队人员成本为25.28亿日元，营业收益大部分被用于球队人员成本（营业亏损18.98亿日元）。

　　综上所述，试图通过赞助收入来提高球队知名度和增加收益的商业模式，风险很大。此外，入场费收入占比较大的浦和红钻在平时可以说是建立了稳定的收益基础，但新冠疫情期间限制入场人数的政策也将极大地影响球队收入。

　　从这个意义上说，以强大的球队为后盾、收益均衡、成本控制良好的川崎前锋足球俱乐部不仅球队实力强，"P/L也很强"。

如何阅读现金流量表

通过CF报表了解如何赚取和使用现金

最后，让我们一起来看一看第三个主要财务报表——现金流量表，掌握基本的阅读方法。

创建CF报表的目的是显示全年的现金流入和流出情况，有句话叫"计划很好，但无力执行"，这是指虽然P/L显示盈利，实际现金却仍然短缺。我们经常看到"黑字破产"的案例，那些公司即使在P/L上盈利，也会存在现金不足的情况。

因此，在分析企业经营状况时，重要的是了解其是否有足够的现金可用于支付，现金是如何赚取以及使用的，而我们在CF报表中就可以查看一家企业的现金变动明细。

与B/S和P/L一样，对于CF报表而言，通过图表解读的方法仍然有效，但其格式与B/S和P/L不同。在图解CF报表时，使用"瀑布图"会更容易理解。

瀑布图是显示期初持有的现金由于经营活动、投资活动和筹资活动而增加或减少的图表，图1-9就通过瀑布图显示了CF报表的基本结构。图1-9的最左侧是期初的现金余额，最右侧是期末的现金余额，二者中间显示了经营活动产生的现金流量（经营CF）、投资活动产生的现金流量（投资CF）、筹资活动产生的现金流量（筹资CF）这三个CF。

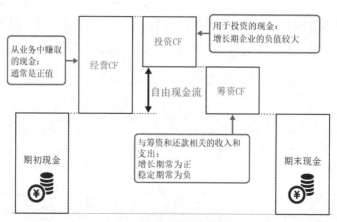

图1-9　CF报表的基本结构

经营CF显示从主营业务中赚取的现金，通常为正值。如果经营CF为负值，则意味着公司没有从其核心业务中赚取现金。经营CF持续为负的公司业绩较差，需要多加注意。

投资CF显示分配给投资活动的现金。一般来说，处于高增长期的企业，投资CF往往会出现较大的负值，而处于稳定期、低增长的企业，负值往往较小。毕竟，处于增长期的企业通常需要大量投资来扩大业务。

"自由现金流（FCF[①]）"是指经营CF和投资CF的总和，相当于经营CF减去净投资额后的数值。如果FCF为正，则表示企业有足够的现金，在进行必要的投资后，可以使用自己赚取的现金清偿有息债务等。

筹资CF显示筹资和还款产生的现金收支。处于增长期的企业，筹资CF往往为正值；处于稳定期的企业，则为负值。一方面，企业在增长期需要资金以实现增长，所以筹资CF会因为企业筹集新资金而变为正值；另一方面，处于稳定期的企业现金充裕，往往会将现金用于偿还贷款或回馈给股东。所以，筹资CF常为负值。

---

① free cash flow，简称FCF，用来衡量企业可以自由支配的现金。

阅读乐天株式会社的CF报表

为什么乐天株式会社的投资CF迅速增加

掌握了阅读CF报表的基础知识后，我们来看一看乐天株式会社的非金融业务CF报表。

图1-10上方为乐天株式会社2018年12月期CF报表的瀑布图，内容仅限非金融业务。从该图可以看出，经营CF为760亿日元，投资CF为－360亿日元，筹资CF为1670亿日元。FCF为400亿日元[①]，经营CF的绝对值超过了投资CF的绝对值，乐天株式会社此时的非金融业务表现出了稳定期企业的CF特点。

2020年12月期的CF报表则大不相同。如图1-10下方所示，经营

---

① 原版书用的是公司决算书上的概数，计算后会有误差。为了符合阅读习惯，翻译时对数字做了微调，但不影响本书的结论。

CF为530亿日元，投资CF为–3280亿日元。这可以说是增长期企业的CF模式。为什么乐天株式会社的CF会从稳定期模式转变为增长期模式呢？

原因就是乐天株式会社最近进军的手机业务，即乐天移动。通过其子公司乐天移动，乐天株式会社正在对手机基站和网络设备进行重大设备投资，这反映在了CF报表中。

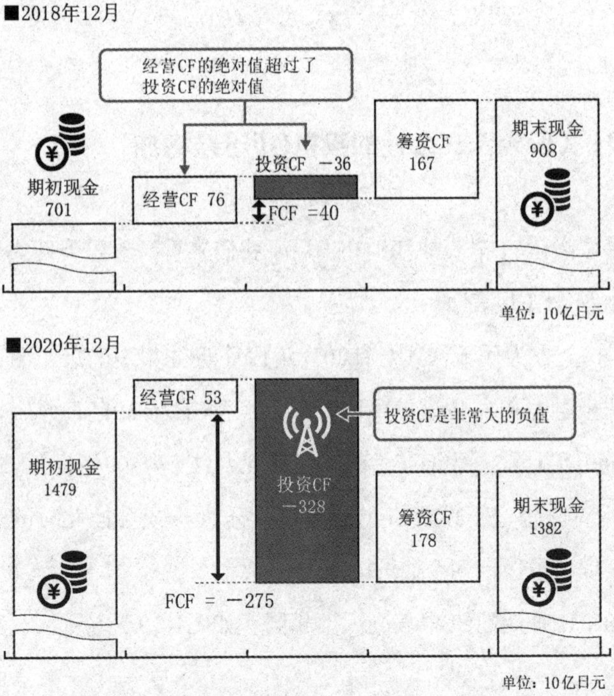

■2018年12月

经营CF的绝对值超过了投资CF的绝对值

期初现金 701

经营CF 76

投资CF −36

FCF ＝40

筹资CF 167

期末现金 908

单位：10亿日元

■2020年12月

经营CF 53

投资CF −328

投资CF是非常大的负值

期初现金 1479

筹资CF 178

期末现金 1382

FCF ＝ −275

单位：10亿日元

注：为方便起见，期初现金余额为乐天株式会社的合并金额，期末现金余额根据非金融业务的CF计算得出

图1-10　2018年与2022年同期乐天株式会社（非金融业务）CF报表比较

从图1-10下方的瀑布图中可见，FCF因投资CF的负值金额增加而变为 − 2750亿日元，但因此就认为乐天株式会社的未来令人担忧还为时过早。企业的投资有"安全投资"和"不良投资"之分，有关该内容，我将在下一节中做出说明。

藏寿司和麒麟HD的CF报表

如何区分"安全投资"和"不良投资"

在本节中，我会比较经营回转寿司连锁店的藏寿司①和经营啤酒等酒类、饮料和药品等的麒麟控股株式会社（麒麟HD）的CF报表，来解说一下如何辨别"安全投资"和"不良投资"。

首先，以藏寿司为例进行说明。

图1-11总结了藏寿司从2000年10月到2020年10月的CF走势，以2008年10月为界，藏寿司的CF模式可以分为两个时期。

截至2008年10月，藏寿司一直在积极投资有形固定资产，开设了许多新餐厅。因此，投资CF的负值幅度超过了经营CF的正值幅度，FCF在许多时期都是负值。

---

① 1995年在大阪创立的日本回转寿司品牌。

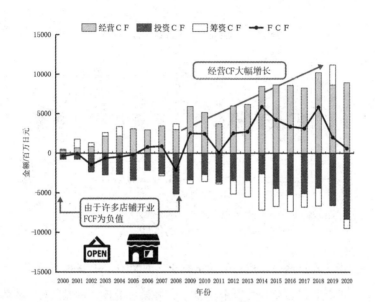

图1-11　藏寿司的CF的变化

应该指出的是，自2009年10月以来，藏寿司的经营CF已大幅增长。该现象说明用于投资的现金可以通过经营CF收回，在这种情况下，截至2008年10月，藏寿司的大额投资都没有问题，甚至可以被视为基于未来增长的、积极的"安全投资"。

接下来，我们一起来解读一下麒麟HD的案例，图1-12总结了麒麟HD从2007年12月到2020年12月的CF变化。

在2007年12月至2011年12月期间，投资CF的负值变大，而且FCF也多次出现负值。在此期间，麒麟HD积极与澳大利亚的国民食品公司和狮王啤酒公司、巴西的辛卡里欧等海外企业进行M&A交

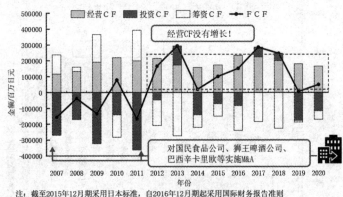

注：截至2015年12月期采用日本标准，自2016年12月期起采用国际财务报告准则

图1-12　麒麟HD的CF变化

易。由于对这些公司进行了大量投资，麒麟HD的FCF基本为负。

但是，2012年12月以来，经营CF并没有增长，该现象表明麒麟HD没能通过后续经营收回其海外M&A投资。

最终，麒麟HD于2017年6月将巴西辛卡里欧（后更名为巴西麒麟）出售给荷兰喜力集团，并于2021年1月前完成了国民食品公司业务的出售。据推测，出售这些业务的主要原因是经营业绩不佳。

不幸的是，麒麟HD一系列以海外增长为目标的M&A均为"不良投资"案例，未能带来经营CF的增长回报。像这样，如果在进行大规模投资后经营CF没有增长，则说明投资没有得到适当回收。

为了区分"安全投资"和"不良投资"，不仅要分析单个年份的CF，还要采用时间列序分析法对各年份的数据加以排列，并展开分析。

📊 专栏：如何为B/S和P/L制作比例图①

在本书中，B/S、P/L、CF报表等财务报表以比例图和瀑布图的形式进行了呈现，读者可以对它们进行直观比较。

对于那些想图解自己感兴趣的公司财务报表的读者，我将在本节中展示如何使用电子表格软件创建B/S和P/L的比例图，而这一点也是阅读财务报表的基础。

查询公司原始财务报表

为了创建比例图，首先需要找到原始财务报表。如果是上市企业，财务报表会在"有价证券报告书"②和"决算短信"③等文件中披露，因此我们可以使用该数据创建比例图。

具体来说，如果我们使用"××（公司名称）有价证券报告书"和"××（公司名称）决算短信"等关键词进行搜索，应该能通过公司投资者关系④网站等获得相应数据。从此类网站下载有价证券报告书和决算短信，打印出必要的页面并使用即可。

---

① 本专栏所述电子表格软件为Excel for Microsoft 365 MSO（截至2021年7月）。

② 发行股票的上市公司等披露的公司信息。

③ 概括公司财务信息和经营状况的文件。

④ 投资者关系，是公司与金融市场之间的一个双向沟通的桥梁，它的存在使得投资界可以对公司的股票和证券的公允价值做出明智的判断。

此外，即使计划创建比例图的公司未上市，我们也可以从"决算公告"中获取财务数据。决算公告是株式会社根据公司法的规定公开财务信息的途径，但并非所有株式会社都会制作决算公告，在许多情况下，只会公开B/S。如果有意获取非上市企业的财务报告，你也许能够通过"××（公司名称）决算公告"等关键词找到已公开的财务报表。我认为这也值得一试。

从财务报表中提取必要的项目

表1-1和表1-2是2020年1月期川崎前锋足球俱乐部的财务报表（B/S和P/L）[①]，我在前文中已对此进行了介绍。

表1-1　川崎前锋足球俱乐部的财务报表（B/S）

科目	金额（百万日元）	科目	金额（百万日元）
（资产部分）		（负债部分）	
流动资产	1352	流动负债	1144
现金存款	8	其他应付款	329
保证金	832	预提费用	35
其他	512	应付所得税等	192
固定资产	2024	应计消费税等	70
有形固定资产	1264	预收款	318
建筑、构筑物	1019	其他	200

---

① 作者根据川崎前锋足球俱乐部2020年1月期决算公告和J联赛"2019年度J1俱乐部财报一览"制作，并已将单独的B/S和P/L整合或部分汇总。

续表

科目	金额 （百万日元）	科目	金额 （百万日元）
车辆运输工具	47	**非流动负债**	130
工具、固定装置	169	租赁融资	55
土地	29	退休福利准备金	46
无形固定资产	**35**	董事退休福利准备金	29
软件	33	负债合计	1274
其他	2		
投资和其他资产	**725**	（净资产部分）	
保证金、存出保证金	20	资本金	349
其他	705	资本公积	31
		利润结转	1722
		净资产合计	2102
资产合计	**3376**	**负债和净资产合计**	**3376**

表1-2　川崎前锋足球俱乐部的财务报表（P/L）

科目	金额（百万日元）
营业收益	6969
减：销售成本	4344
销售管理费	1824
营业利润	801
加：营业外收入	2
减：营业外支出	1
加：特别利润	0
减：特别损失	0

续表

科目	金额（百万日元）
所得税前当期净利润	802
减：所得税等	240
当期净利润	562

正如我在本书前言中所说，除非我们已经习惯了，否则仅通过查看这些财务报表是很难了解公司的情况的，本书介绍的"比例图"在这种情况下会发挥显著的作用。

为了创建比例图，需要从B/S和P/L中提取必要的项目。选择项目的方法有很多种，但是选择表1-1和表1-2中加粗的项目会更容易理解。

具体来说，从B/S中，我们将选择左侧的流动资产、固定资产（包括有形固定资产、无形固定资产、投资和其他资产）以及右侧的负债部分（包括流动负债、非流动负债）和净资产部分。之后，从P/L中，我们将选择4个项目，即营业收益、销售成本、销售管理费和营业利润。

将数据录入电子表格软件并创建比例图

假设我们要根据川崎前锋足球俱乐部的财务报表制作P/L的比例图，首先需要在电子表格软件的工作表单元格中输入以下数据，如表1-3所示。

表1-3　输入数据示例

（单位：百万日元）

科目	费用	收益
营业收益		6969
销售成本	4344	
销售管理费	1824	
营业利润	801	

接下来，选择所有这些数据后，从"插入"选项卡中选择"插入柱形图或条形图"，之后从"更多柱形图"中创建一个"堆积柱形图"，我们就可以创建出图1-13。

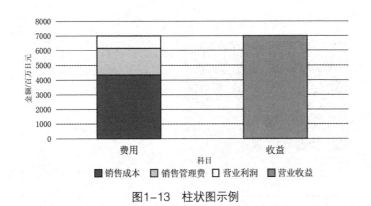

图1-13　柱状图示例

为了使该图成为比例图，我们要按照以下方式对其格式进行调整。

①双击图表上的纵坐标，在"设置坐标轴格式"中的"翻转坐标轴"处打"√"；

②右键单击条形图并在"设置数据系列格式"中将"分类间距"设置为0%；

③点击图表并从"图表设计"选项卡中选择"添加图表元素"→"数据标签"→"居中"；

④点击图表中的数据标签数字，在"标签选项"中的"系列名称"处打"√"；

⑤删除轴和图例等不必要的元素，根据自己的喜好设置格式，之后输入标题。

通过这种方式，我创建了一个体现营业利润的P/L比例图，如图1-14所示。

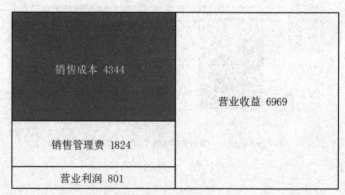

图1-14　川崎前锋足球俱乐部P/L（2020年1月，单位：百万日元）

这次，我们是根据金额创建了比例图，如果是在电子表格软件中计算比例并创建类似的图表，也可以根据比例创建比例图。

零售、流通业的财务报表

图解财务报表所涉示例企业

花丘比特 vs 美丽花坛

饰梦乐 vs 迅销公司

爱蓬 vs 高得运

Workman vs 雪诺必克

DCM-HD vs 似鸟HD vs MonotaRO

丸井 vs 三越伊势丹HD

美迪发路HD vs 伊藤忠商事

揭秘不同花店的经营模式有何差异

如何发现B/S上出现的业务状况差异

作为第2章的第一个案例，我们就拿鲜花配送业的B/S来看一看不同企业业务风格的差异。花丘比特和美丽花坛是日本主营鲜花的上市公司，我们将在下文中分析在决算公告中公开B/S的花丘比特，从中看鲜花流通行业的商业模式。

另外，有关本节中所出现的B/S，美丽花坛使用的是合并数据，花丘比特则为个别数据。

首先我们来对比一下两家公司的B/S。这两家公司在B/S中的固定资产比例存在较大差异，如图2-1所示。为什么会有这样的差异？有两个需要注意的点。

● 为什么花丘比特的固定资产很少？

● 美丽花坛拥有哪些有形固定资产？

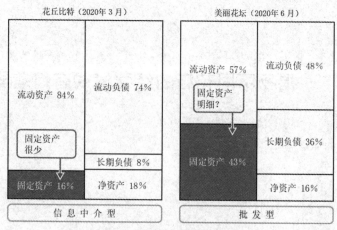

图2-1　鲜花配送业B/S（比例）

为什么花丘比特的固定资产很少

首先，我们来看一看第一家公司花丘比特的B/S。

花丘比特资产的一个显著特点是，与美丽花坛相比，其固定资产的比例较低，占总资产的比例仅为16%。

固定资产占比低的原因是什么？答案在于花丘比特的商业模式。

花丘比特提供的主要服务是EC[①]网站业务，用户可以通过互联网订购鲜花礼品。花丘比特主要开展为个人提供服务的"互联网花丘比特"以及为企业提供服务的"商业花丘比特"业务，两种业务

———————

① electronic commerce，简称EC，电子商务。

的商业模式基本相同，如图2-2所示。

　　当用户想通过互联网花丘比特给他人赠送鲜花礼品时，可以在花丘比特网站下订单。花丘比特将订单的详细信息发送给收货人附近的加盟店，加盟店将鲜花送到礼品收货人处。

　　因此，花丘比特不需要自己开店。花丘比特致力于作为各加盟店的信息中介，所以企业固定资产占总资产比例很低。

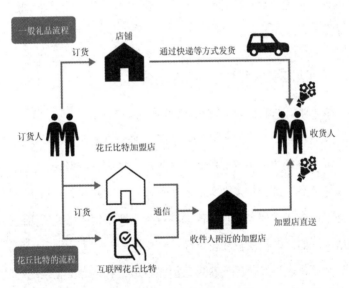

图2-2　花丘比特的商业模式

　　而花丘比特的收入是为订购所支付的佣金［截至2021年8月，每件商品为550日元（包括税款在内）］，花丘比特在2020年3月实现了当期净利润3019万日元。据推测，该企业虽受到了新冠疫情的影响，但影响轻微，最终还是获得了盈余。

这种商业模式使鲜花流通成为可能，而无须实际参与货物的流动。结果，据花丘比特称，从2020年4月到2021年3月，每天因鲜花配送行驶的距离减少了约150万千米，二氧化碳排放量减少了142.3吨。

花丘比特服务始于1953年，那时，还没有发达的物流网络，所以该企业创造了这种商业模式，从而产生出了具备环保理念的鲜花礼品服务。

美丽花坛拥有哪些有形固定资产

接下来，我将解说美丽花坛的B/S。

美丽花坛正在发展鲜花祭坛业务、鲜花批发业务和婚庆插花业务。鲜花祭坛业务主要为殡葬公司生产、安装鲜花祭坛，提供鲜花供品等商品。鲜花批发业务是从生产商处采购鲜花，之后再出售给鲜花零售商和殡葬公司。婚庆插花业务主要是销售婚礼所需的鲜花商品，例如，婚礼桌花和花束等。

美丽花坛不经营零售花店，但在各地设有生产鲜花祭坛的营业所，那些营业所均被记为固定资产。

图2-3并排比较了美丽花坛的B/S和P/L比例图，花丘比特在决算公告中只披露了一个简短的B/S，而美丽花坛作为上市公司，则披露了详细的B/S和P/L。

从图2-3中我们可以看到，P/L左侧的总费用约为55亿日元，而

B/S左侧的总资产约为22亿日元，不到总费用的一半，B/S的规模[①]比P/L的规模要小得多。美丽花坛的B/S规模小的原因是该企业经营的商品是鲜花，产品库存量少，应收应付账款的周转期比较短，生产也不需要大型设备。

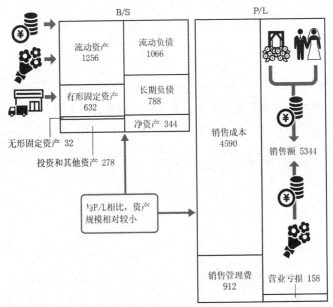

图2-3 美丽花坛的B/S和P/L（2020年6月，单位：百万日元）

相比于花丘比特，美丽花坛的B/S中固定资产占比较大，但是，如果与P/L进行对比，美丽花坛可以说是一种无须大量资产的轻量

① B/S的规模一般指企业的资产总额。

型商业模式。

美丽花坛在2020年6月期的营业亏损为1.58亿日元。在新冠疫情期间，许多仪式活动被取消，因此，与个人礼品在销售额中占比较大的花丘比特相比，因红白喜事以及祭祀活动而产生的销售额占比较大的美丽花坛可能受新冠疫情的影响更大。可以说，美丽花坛的决算期被推迟了3个月也是由新冠疫情导致的。

从有价证券报告书中描述的美丽花坛分部利润状况来看，2020年6月期，作为主要收入来源的"鲜花祭坛业务"的利润额大幅下降，因婚庆市场萎缩与竞争加剧而苦苦挣扎的婚庆插花业务，其赤字幅度也在扩大。另外，鲜花批发业务的利润额也仅与2019年6月持平。毕竟，美丽花坛亏空的原因，似乎与冠婚丧祭的简办有关。

📈 对比要点

　　本节我们就鲜花流通业进行了分析，主要做订单中介的花丘比特和主要做鲜花批发与祭坛产销的美丽花坛在B/S的资产持有方式上有很大区别。

　　此外，受新冠疫情影响，在冠婚丧祭领域占有很大销售比例的美丽花坛的经营状况也很不乐观。对该企业而言，可能还要继续保持耐心，同时捕捉相对不受影响的个人消费者需求。

　　最后，我们用关键词来总结一下两家公司商业模式的特点，如表2-1所示。

表2-1　花丘比特与美丽花坛商业模式的特点

公司	商业模式的特点
花丘比特	面向个人和公司；信息中介型
美丽花坛	面向婚礼场地和殡仪公司；批发型

服装企业的发展战略有何不同

同行业但如此不同的财务报表的阅读与分析

本节，我将比较从事快时尚行业的饰梦乐和迅销公司（以下简称FR）的财务报表（见图2-4）。两家公司均经营低价服装，但财务报表却大不相同。

在查看这些财务报表的过程中要考虑4点，接下来就让我们具体来看一看。

● 饰梦乐财务报表的特征是什么？

● 为什么FR成本率低、销管费用率偏高？

● 为什么FR的有形固定资产这么少？

● 为什么饰梦乐的债务比例这么低？

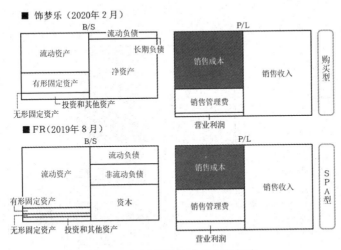

图2-4　两家服装企业的财务报表

饰梦乐财务报表的特征是什么

让我们看一下饰梦乐的财务报表，如图2-5所示。

由于拥有店铺占地和建筑物，在B/S的资产侧，有形固定资产为1310亿日元。零售商通常会计入许多与店铺相关的资产，饰梦乐的B/S也具有相同的特点。

P/L方面，销售收入为5230亿日元，销售成本为3520亿日元，成本率为67%。一般来说，零售行业的成本率在60%～70%之间，这也符合零售业的特点。

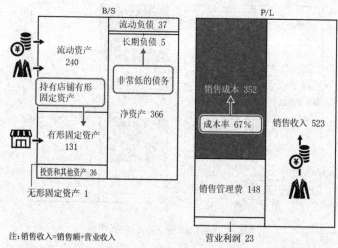

注：销售收入=销售额+营业收入

图2-5　饰梦乐的财务报表（2020年2月，单位：10亿日元）

为什么FR成本率低、销管费用率偏高

接下来，我们来看一看FR的财务报表（见图2-6）。由于FR采用IFRS[1]，所以B/S上的项目略有不同，但是，我对其中的内容进行了相应的替换，例如，将长期负债替换为非流动负债等——在阅读的过程中，无须过于注重细节。

首先映入眼帘的是饰梦乐和FR之间的销售成本差异，饰梦乐的成本率为67%，FR为51%。

---

[1]　International Financial Report Standard，简称IFRS，国际财务报告准则。

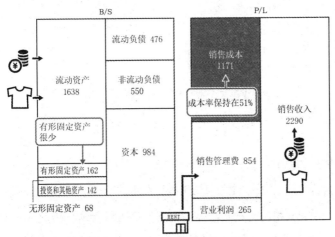

注：为了与饰梦乐进行比较，"其他收入"和"其他费用"不包括在营业利润的计算中

图2-6 FR的财务报表（2019年8月，单位：10亿日元）

前面我提到零售行业的成本比例在60%～70%之间，但是服装行业的成本率要低一点，在40%～50%之间。因此，对于服装行业而言，饰梦乐的成本率偏高，而FR则是标准成本率。

产生成本差异的原因是什么？关键在于两家公司的商业模式不同，详见图2-7。

FR采用被称为SPA[①]型的商业模式，公司参与从计划、生产到销售的所有工作。在采用SPA型商业模式的情况下，公司可以开发出充分表达自身独创性的产品。因此，FR能够在保持低成本率的同

---

① specialty store retailer of private label apparel，简称SPA，也被称为制造零售。

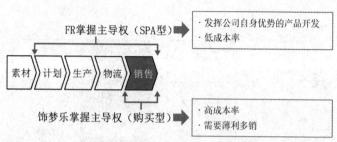

图2-7　FR与饰梦乐的商业模式

时，创造出具有功能性等优势的产品。

而饰梦乐采用从批发商处采购商品并进行销售的购买型商业模式。与SPA型相比，购买型需要向批发商支付货款，因此成本率往往偏高。所以，以饰梦乐为例，此类企业需要建立薄利多销的商业模式。

饰梦乐之所以能够建立这样的商业模式，有赖于该企业的"售罄"政策和店铺之间先进的物流机制。当有未售出的库存时，店铺必须打折出售，但销售价格的变化会对收益性造成压力，因此不再对已售罄的产品进行补充订购可以说是购买型商业模式的基本经营方针。

此外，该企业建立了细致的自有物流网络，如果一家店铺缺货，可以从其他有库存的店铺调货。作为一家公司，他们会优化自己的库存并试图在不降低价格的情况下销售商品。

接下来，让我说明一下为什么两家公司的销售管理费存在差异。饰梦乐的销管费用率为28%，而FR为37%，相差9%。

我们来看一看饰梦乐和FR的销售管理费的构成比例，如图2-8所示，这两家公司销售管理费的三大构成部分，即人事费、租赁费和宣传广告费的比例几乎是一样的。

从人事费来看，饰梦乐的兼职人员比例在80%左右，高于FR（40%~50%）。

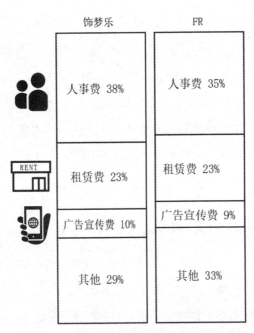

注：饰梦乐为2020年2月期的数据，FR为2019年8月期的数据

图2-8 销售管理费明细对比

为什么FR的有形固定资产这么少

两家公司的特点在B/S有形固定资产项目中体现得最为明显。在零售业中，店铺占地和建筑物都会被计入财务报表，所以有形固定资产占资产的比例通常很大。从这个意义上说，饰梦乐拥有一定数量的有形固定资产在零售行业是很正常的。

但是，FR的店铺通常会以购物中心租户等形式呈现，街边店铺使用的也是租借来的土地和建筑物，因此，考虑到销售收入和资产规模，该企业的有形固定资产的比例极小。另外，FR采用的是SPA型商业模式，但他们没有自己的工厂，其产品全部外包给了合作工厂进行生产。FR是即使在零售业也实行"贫乏经营"模式[1]的企业，然而，在2020年8月期的最新财务报表中，FR采用了新的IFRS租赁会计准则（IFRS16号），B/S中的使用权资产显著增加，在分析FR的财务报表时，有必要注意这一点。

为什么饰梦乐的债务比例这么低

饰梦乐实行"无债务经营"模式，因此，如果看两家公司的B/S右侧，可以发现饰梦乐的负债比例非常小。事实上，饰梦乐的负债包括应付账款等，但没有记录银行借款等有息债务。

---

[1] 该模式包括在不拥有土地或建筑物的情况下进行租赁，减少正式员工人数并用合同工进行取代，减少设施数量和将产品生产外包给分包商等。

而在FR，金融负债（有息负债）计入流动负债和非流动负债，这些融资政策的差异会影响负债的比例。但是，FR的自有资本比率[①]为49%，在安全性方面并不存在问题。

📊 对比要点

通过对比饰梦乐和FR的财务报表，我们可以看到，虽然这两家从事快时尚行业的公司乍看之下很相似，但它们的商业模式却存在很大的差异。

饰梦乐采用购买型商业模式，成本率高，薄利多销；而FR采用的是SPA型商业模式，因此，成本率相对更低。另外，我们还了解到，FR记在财务报表中的有形固定资产很少，因此，该企业实行的是"贫乏经营"模式。最后我会用关键词来总结一下饰梦乐和FR的商业模式，如表2-2所示。

表2-2　饰梦乐与FR商业模式的特点

公司	商业模式的特点
饰梦乐	低成本运作、无债务经营；购买型
FR	功能性商品、贫乏经营；SPA型

---

① 自有资本比率=净资产/资本总额。

阅读户外和体育用品企业的财务报表

销售形式和商业模式的差异会体现在财务报表中

接下来，我们来看一看爱蓬、高得运、Workman和雪诺必克这4家户外和体育用品公司的财务报表。

自成立以来，爱蓬主要经营冬季运动用品，但后来其经营的商品已逐步扩展到高尔夫用品、户外用品和一般体育用品等品类上。高得运则是一家以户外品牌"乐斯菲斯"为旗舰品牌的公司。两家公司的财务报表如图2-9所示。

Workman最初经营工厂和工地用工作服等，但最近也开始专注于休闲装，开设了"Workman Plus"和"#Workman Girl"等门店。雪诺必克则是一家拥有热情用户的高端户外装备制造公司，也被称为"雪峰"。两家公司的财务报表如图2-10所示。

我们在查看这些公司财务报表的过程中要考虑到4点。

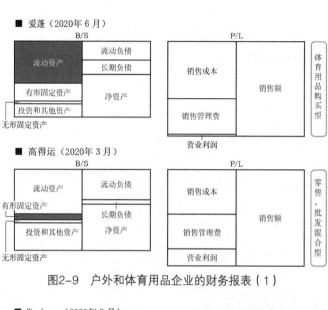

图2-9　户外和体育用品企业的财务报表（1）

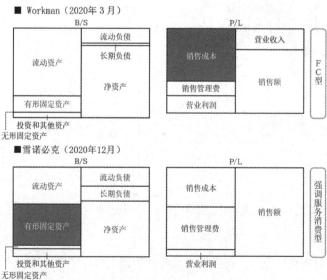

图2-10　户外和体育用品企业的财务报表（2）

● 什么是爱蓬重振业绩的关键因素?

● 高得运表现良好的原因是什么?

● Workman采用了什么样的商业模式?

● 为什么雪诺必克的有形固定资产会增加?

现在就让我们来看一看具体情况。

什么是爱蓬重振业绩的关键因素

首先，让我们看一下爱蓬的财务报表详细情况，如图2-11所示。

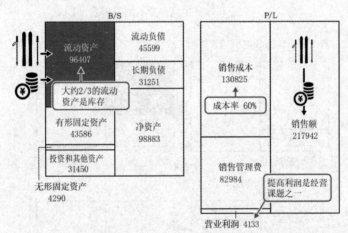

图2-11 爱蓬的财务报表（2020年6月，单位：百万日元）

爱蓬最初是一家销售滑雪设备的店铺，后将业务扩展到从事高尔夫设备销售的"高尔夫帆五"（GOLF5）和经营一般体育用品的

"运动德普"（SPORTS DEPO）等专卖店上。

可以推断，主要是因为开设了此类店铺，爱蓬才会有435.86亿日元的有形固定资产记入B/S资产侧。

此外，爱蓬有964.07亿日元作为流动资产入账，其中636.2亿日元为库存。该公司的销售额为2179.42亿日元，这意味着爱蓬有相当于107天销售额的库存。一般来说，零售行业的库存为公司30天左右的销售量，因此爱蓬的库存量可以说是相当高的。

这体现了体育用品需要在商店中展示大量商品的特性，同行业公司赛标控股也有相当于122天销售额的库存（2020年3月）。

然而，为处理未售出的库存，他们会被迫以折扣价出售，大量库存给盈利能力带来了压力。

爱蓬的成本率为60%，也就是说，40%的销售额是毛利（总利润），但营业利润率只有不到2%。提高利润率是爱蓬的经营课题之一，所以关键是如何减少折扣、提高毛利率[①]。

因此，爱蓬正在尝试通过抑制采购的方式来减少商店货品展示数量，一些店铺已经将产品数量减少了20% ~ 30%。结果，在2021年6月期的第二季度决算中，爱蓬的库存减少至589.85亿日元，公司的整体毛利率提高至43%。

接下来，让我们看一下爱蓬P/L销售管理费的明细，如图2-12所示。职工人事费占销售管理费的29%，根据《日本经济新闻》的

---

① 毛利率即销售毛利与销售净额的比率。

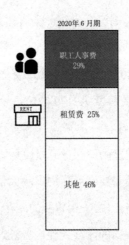

图2-12　爱蓬销售管理费明细（2020年6月）

文章，2019年爱蓬自愿离职的员工数量较2018年减少了10%。原因是该企业建立了一种新的体制，要求客户服务技能高的员工在高峰时段工作，开店和闭店前后的工作则交由兼职人员处理。这样的举措有效地提高了员工工作效率，并尽可能降低了员工成本。

此外，该企业还推动创建可以利用现实优势的商店，例如，可以在店铺中分析高尔夫挥杆动作，以及在销售户外产品时在商店中试用帐篷，等等。

由于这些努力，爱蓬的营业利润率在2021年6月期的第二季度决算中累计增长至9%，其销售业绩回升的关键在于能否继续通过这些努力来提高店铺的竞争力，并将其结构转变为能够产生利润的结构。

高得运表现良好的原因是什么

高得运的财务报表如图2-13所示，查看高得运的B/S，我们可以注意到里面记录的有形固定资产很少。从这一角度出发，我会认为高得运没有自己的店铺，该企业主要是作为批发商来开展业务经营的。

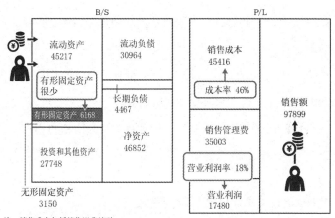

注：销售成本包括销售退货津贴

图2-13 高得运的财务报表（2020年3月，单位：百万日元）

但高得运的公司业绩简报显示，其自营卖场的销售比例逐年上升，在2020年3月期达到了57%。因此，高得运是零售和批发的混合体，其并未采取以批发业务为主体的经营模式。

从事零售业务、有形固定资产很少的一个典型企业是前文提及的FR，它经营着优衣库。FR有形固定资产少的原因是包括街边店面在内的店铺通常会使用租借的土地、建筑物，公司本身并不享有所有权。据推测，高得运和FR一样，实行的是"贫乏经营"模式。

从P/L来看，高得运的成本率为46%，低于爱蓬。这一点同样也能说明，高得运是零售和批发的混合业态。通常批发业务的成本率很高，但因为主品牌"乐斯菲斯"产品力[1]和品牌力[2]高、利润率有保障（确保利润幅度的定价），所以高得运才能使成本率保持在如此低的水平。

高得运成本率低的另一个原因是批发销售是以制造商承担库存风险的形式进行的，即所谓的"寄售"，通过承担存货风险，提升产品单价，实现高利润率。此外，该企业还通过寄售彻底管理内部批发和零售库存，成功地减少了销售损失。

高得运的销管费用率为36%，而爱蓬为38%，相差不多，但高得运实现了18%的极高营业利润率。

Workman采用了什么样的商业模式

接下来，我们来看一看Workman的财务报表，如图2-14所示。

Workman商业模式的特点在P/L中得到了很好的体现。首先，在P/L的右侧，除了销售额之外，还记录了该企业的营业收入。这

---

[1] 产品力是指产品对目标消费者的吸引力。

[2] 品牌力是渠道经营主轴，是知名度、美誉度和诚信度的有机统一，指消费者对某个品牌形成的概念对其购买决策的影响程度。

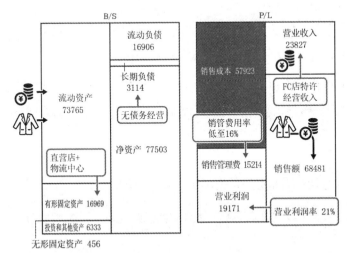

图2-14 Workman的财务报表（2020年3月，单位：百万日元）

是在从事FC^①型业务的企业中常见的一种形式，营业收入为FC加盟商定期交纳的特许经营权使用费。

事实上，截至2020年3月末，Workman的868家门店中，有834家是FC店，FC店占比96%，可以说Workman的店铺大部分都是FC店。

该企业的大部分销售都是通过将产品批发给FC店获取的，因此，Workman的成本率（销售成本/销售额）高达85%。

另外，店铺发生的人员费用大部分由FC店承担，Workman的销售管理费占营业总收入（营业收入+销售额）的比例为16%。因此，该企业才能够实现21%的极高营业利润率（营业利润/营业总

① franchise chain，简称FC，特许经营。

收入）。

另外，除了直营店铺外，Workman的财务报表中还记录了物流中心等资产。在B/S中，有形固定资产为169.69亿日元。

从债务视角看，Workman的账面并无有息债务，自有资本比率处于79%的极高水平，可以说Workman是一家典型的无债务经营企业。

为什么雪诺必克的有形固定资产会增加

最后，我们来看一看雪诺必克的财务报表，如图2-15所示。

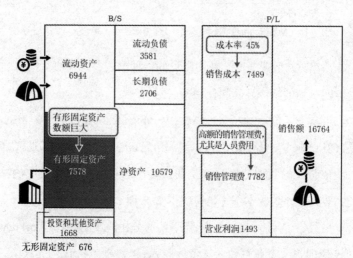

图2-15　雪诺必克的财务报表（2020年12月，单位：百万日元）

雪诺必克B/S的独特之处在于它拥有大量的有形固定资产，这与我们所看到的大部分公司不同。事实上，雪诺必克的有形固定资产大幅增加的原因，在于雪诺必克开发的新业务。

2020年7月，雪诺必克在日本长野县白马村开设了体验型综合体"Snow Peak LAND STATION HAKUBA"，总投资10亿日元，还计划于2022年春季在日本新潟县三条市开设温泉度假村，投入总额为25亿日元。

雪诺必克有形固定资产大幅增长的背后，是对这种体验型综合设施的投入。以体验为基础的精神消费模式逐渐受到关注，雪诺必克作为一家强调精神消费的企业，有形固定资产必然增加。

从P/L来看，雪诺必克的成本率为45%，略低于高得运。和高得运一样，雪诺必克的销售业态是零售和批发相结合的模式，但就雪诺必克而言，其零售比例低于高得运。

一般来说，在零售和批发混合的业务中，零售比例越低意味着批发比例越高，成本率往往越高。雪诺必克建立了一个高端露营设备品牌并获得了客户粉丝群，因此，其成本率比高得运还要低。

我们不能忽视这样一个事实，即门店销售人员能够将雪诺必克商品的吸引力传达给客户。雪诺必克拥有自己独特的销售系统，公司不仅派出自己的销售人员到直营店，还派到以批发形式开展经营的店中店[1]中来说明其产品的吸引力。

因此，雪诺必克的销管费用率为46%，水平较高。由于独特的销售系统，雪诺必克44%的销售管理费均为人事费用。

---

① 在量贩店中设立的专用销售区域。

但是，雪诺必克最终能够确保9%的营业利润率，这一事实仍然可以归因于低成本率。

📈 对比要点

这一次，我们比较了4家户外和体育用品公司的财务报表，即爱蓬、高得运、Workman和雪诺必克。各公司的销售形式和商业模式的差异，导致了其资产持有方式和利润结构的不同。

爱蓬是一家体育用品商店，由于未售出的库存对盈利能力有重大影响，采购和库存管理策略是关键。

高得运则凭借"乐斯菲斯"的强大品牌力和厂家承担库存责任（寄售）的模式，实现了企业的高利润率。

Workman的业务发展以FC店为中心，因此营业收入计入P/L。此外，Workman对FC店的批发销售在销售额中占有很大比例，因此该企业的成本率高，毛利率低。但是，由于销售管理费保持在较低水平，该企业还是实现了高利润率。

雪诺必克大幅增加有形固定资产，通过建设体验式综合设施向满足客户的精神消费需求模式转变。因销售具有强大品牌力的高端露营装备，雪诺必克的成本率较低。但支撑这种品牌力的，是该企业店铺销售人员的细心讲解以及高额的销售管理费。

最后，我们用关键词来总结一下各个公司的商业模式的特点，如表2-3所示。

表2-3　爱蓬、高得运、Workman、雪诺必克公司 商业模式的特点

公司	商业模式的特点
爱蓬	体育用品；购销型
高得运	运动服装、零售；批发混合型
Workman	作业用品、休闲服装；FC型
雪诺必克	野营器材、零售、批发组合；强调服务消费型

为什么似鸟能够赢得收购战

家居五金日杂店、室内SPA、互联网企业财务报表的差异

接下来，让我们比较一下经营工具、杂货和内饰的DCM控股（以下简称DCM-HD）、似鸟控股（以下简称似鸟HD）和MonotaRO三家企业的财务报表，如图2-16所示。

DCM-HD是日本家居五金日杂行业中最大的公司，于2005年由三大家居公司Kahma、Daiki和Homac合并而成。

似鸟HD是一家销售家具和杂货的企业，以其口号"噢，物超所值"而闻名。

DCM-HD和似鸟HD都参与了对从事家具零售和家居五金日杂店运营的岛忠公司的收购战，岛忠最初赞成DCM-HD的收购提议，但似鸟HD的加入改变了岛忠的想法。最终，岛忠管理层同意似鸟

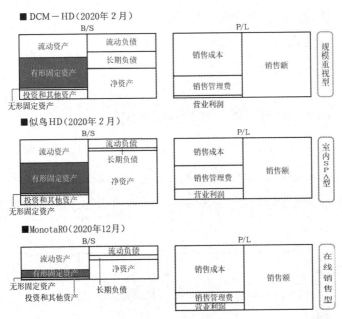

图2-16 家装企业的财务报表

HD的收购。2020年12月，似鸟HD完成了对岛忠的TOB[1]，这场收购战以似鸟HD的胜利告终。

而MonotaRO公司则在网上销售被称为MRO[2]的间接物料。

在查看这些公司的财务报表时，需要考虑3点。

---

[1] takeover bid，简称TOB，指要约收购。

[2] MRO是英文维护（maintenance）、维修（repair）、运行（operation）的首字母缩写，通常是指在实际的生产过程中不直接构成产品，只用于维护、维修、运行设备的物料和服务。MRO是指非生产原料性质的工业用品，如工具和消耗品等。

● DCM-HD提高利润率的关键是什么？

● 为什么似鸟HD能够赢得收购战？

● 为什么MonotaRO能够开拓蓝海？

现在就让我来逐一解说。

DCM-HD提高利润率的关键是什么

首先，我们来看一下DCM-HD的财务报表（见图2-17）。

DCM-HD于2005年由Kahma、Daiki和Homac三家公司合并而成，

并于2008年收购Home Center Sanko，2009年收购O Joyful，2015年

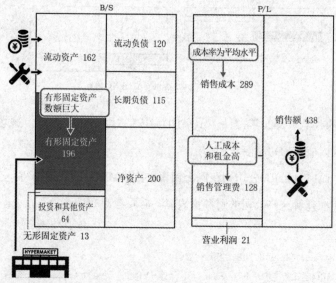

注：销售额包括房地产租金收入

图2-17　DCM-HD的财务报表（2020年2月，单位：10亿日元）

收购三和堂（现DCM Sanwa），2016年收购Kuroganeya（现DCM Kuroganeya），于2017年与Keiyo结成资本和商业联盟。

截至2020年2月末，DCM-HD拥有673家店铺，Keiyo拥有172家店铺，是日本最大的家居五金日杂连锁店。因拥有旗下关联企业店铺所占土地和建筑物，该企业B/S中记录的有形固定资产高达1960亿日元。如大家所知，家居五金日杂店经营的很多产品体积都很大，所以店铺的面积也很大。因此，家居五金日杂类企业的有形固定资产也会很多。

从P/L来看，该企业的成本率为66%。整个零售行业的成本率是60%~70%，所以该企业处在行业平均水平。此外，该企业的销管费用率为29%，营业利润率为5%。

如图2-18所示，人事费用和租赁费占该企业销售管理费明细的很大比例。总体而言，零售业人事费上升会对盈利能力构成压力，在开设的店铺正常营业的基础上大幅降低人事成本可以说是难上加难。但是，随着数字化转型的推进，该企业的劳动力成本和销售成本很有可能降低，DCM-HD通过规模扩张降低了成本率（从利润侧来看，是提高毛利率），因此才会通过业务整合这一途径扩大规模。

如图2-19所示，DCM-HD的毛利率从2016年2月期的31.4%增长至2020年2月期的33.6%。此外，DCM自有品牌的销售比例也从13.1%上升至21.4%。总体而言，自有品牌比民族品牌更容易降低成本，因此提高自有品牌产品比例可有效增加该企业的毛利率。

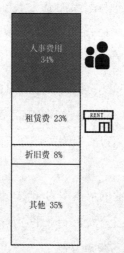

图2-18 DCM-HD的销售管理费明细（2020年2月）

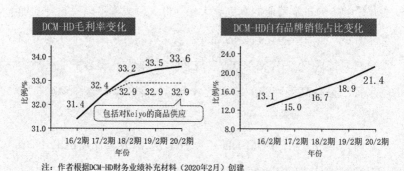

注：作者根据DCM-HD财务业绩补充材料（2020年2月）创建

图2-19 DCM-HD自有品牌政策[①]

不过，随着低毛利日用消费品构成比例的增加，DCM-HD毛利率的上升有所放缓。从公司本身来看，我想DCM-HD须尽可能提高预期具有高毛利率的商品比例。

为什么似鸟HD能够赢得收购战

接下来，我们来看一看似鸟HD的财务报表，如图2-20所示。

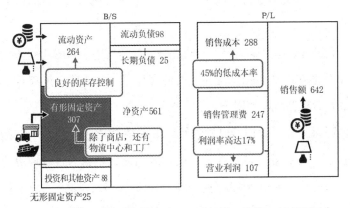

图2-20　似鸟HD的财务报表（2020年2月，单位：10亿日元）

似鸟HD的B/S的资产侧也记录了大量有形固定资产（3070亿日元），这包括用于店铺的土地和建筑物、物流中心以及越南的家具制造工厂等有形固定资产。

似鸟HD采用了与FR相同的SPA型商业模式。除了开设公司自

---

① 作者根据DCM-HD财务业绩补充材料（2020年2月）创建。

己的工厂，似鸟HD还与其他工厂合作生产家具并将产品放到公司自己的店铺里出售。因此，不同于从制造商处采购家具并进行销售的一般家具零售商，该企业自己的工厂和物流中心等有形固定资产也会计入财务报表。

采用SPA型商业模式的企业不用向制造商和批发商支付货款，因此成本率往往较低、毛利率较高。事实上，似鸟HD的成本率约为45%，远低于零售业的平均水平，它还实现了17%的高营业利润率。

但SPA型商业模式的一个弱点是，在传统的家具零售业务中，原本分散在制造商和批发商等处的库存需一并处理，库存难以调整，库存膨胀风险加剧。

通过计算，我们可以发现似鸟HD的存货周转天数（库存额/日销售额，指企业从取得存货开始，至消耗、销售为止所经历的天数）只有37天。DCM-HD的存货周转天数为85天，由此可见，似鸟HD做到了比较好的库存控制。

优化库存有两大好处。一是企业不必为了处理未售出的库存而降价。降价会对企业的盈利能力造成压力，如果降价，就难以获得高额利润。二是在库存上花费的钱更少，持有大量库存意味着企业需要有足够的现金来采购那些库存。企业拥有的库存越少，可以用于其他投资的现金就越多。因此，优化库存可以帮助企业降低资金占用、提高资本效率。

综上所述，似鸟HD实现了高利润率，并以82%的自有资本比率成功建立了稳固的财务基础，因此，它能够为收购岛忠而提供超过DCM-HD价格的条件。

当然，似鸟HD决定接手岛忠的原因是似鸟HD开设的大部分店面都在郊区，所以占领市区对于似鸟HD未来的发展很重要。岛忠主要在首都圈经营家具店和家居五金日杂店，这对似鸟HD而言是一个非常有吸引力的收购目标。可以说，正是因为似鸟HD拥有强大的财务基础，所以才能以更高的价格进行收购。

为什么MonotaRO能够开拓蓝海[1]

最后，我来解说MonotaRO的财务报表，如图2-21所示。

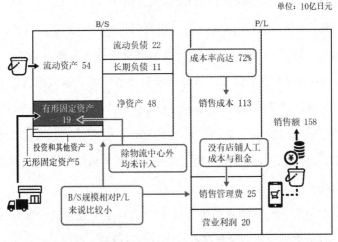

图2-21 MonotaRO的财务报表（2020年12月，单位：10亿日元）

---

[1] 指竞争较少的新市场。

并排查看B/S和P/L，我们可以看到该企业的B/S规模小于P/L。原因是MonotaRO的经营业态是网购，所以除了物流中心外，不需要店铺等有形固定资产，库存也很少。

从库存周转的表现来看，MonotaRO的库存周转期大概是28天，低于似鸟HD的库存控制水平。该企业经营的商品数量超过1800万件，而库存商品数量仅为47.6万件（截至2020年12月末）。可以推测，由于库存仅限于标准产品，该企业库存水平较低。

接下来，我们再来看一看MonotaRO的P/L。MonotaRO的成本率为72%，超过了DCM-HD。虽然自有品牌商品的开发等导致成本率逐渐下降，但对折扣率高的大企业来说，其销售额会有所增加，以低价销售间接物料的MonotaRO的毛利率并不高。

然而，该企业不需要开店，没有人工成本与租金，因此，让MonotaRO获利的一个主要因素是销售管理费非常低。此外，据MonotaRO社长铃木表示，该公司没有销售代表。这似乎就是该企业销售管理费低的原因，MonotaRO实现了13%的高营业利润率。

据MonotaRO称，间接物料的市场规模为5万亿～10万亿日元，那么，MonotaRO能够在如此巨大的市场中开拓蓝海市场的原因是什么呢？

在传统的间接物料销售方式中，价格是由业务员和客户决定的，每个客户的价格设置都不一样，而且设置不透明。此外，产品种类也有限，可以说选择很少。

此外，由于销售方式依赖于销售人员的知识，劳动密集、商圈小的问题也普遍存在。结果，中小企业被排除在了营销渠道之外。

如图2-22所示，MonotaRO注意到了传统销售方式所存在的问题，他们通过单一价格减少了定价的麻烦，还利用互联网将交易范围扩大到了全日本。此外，通过维护数据库，该企业成功使用数据弥补了销售人员的知识空白。上述举措逐渐得到市场的接纳，中小企业也成为促使MonotaRO销售额增长的主力军。

随着企业的发展，其经营所涵盖的商品数量显著增加，该企业

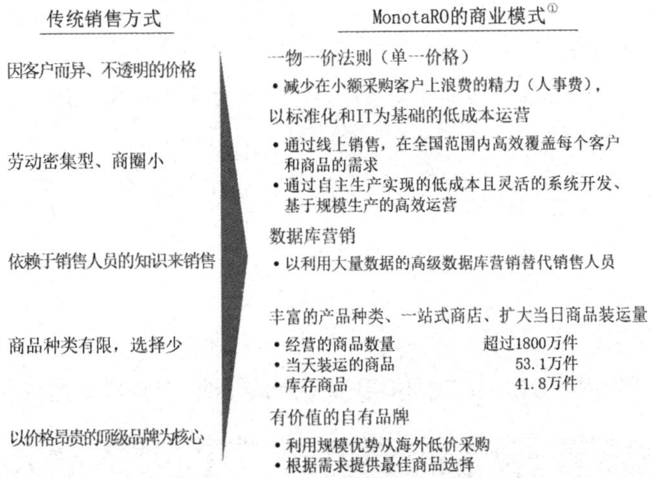

传统销售方式	MonotaRO的商业模式[①]
因客户而异、不透明的价格	一物一价法则（单一价格） • 减少在小额采购客户上浪费的精力（人事费）， 以标准化和IT为基础的低成本运营
劳动密集型、商圈小	• 通过线上销售，在全国范围内高效覆盖每个客户 和商品的需求 • 通过自主生产实现的低成本且灵活的系统开发、 基于规模生产的高效运营
依赖于销售人员的知识来销售	数据库营销 • 以利用大量数据的高级数据库营销替代销售人员
商品种类有限，选择少	丰富的产品种类、一站式商店、扩大当日商品装运量 • 经营的商品数量　　　超过1800万件 • 当天装运的商品　　　 53.1万件 • 库存商品　　　　　　 41.8万件
以价格昂贵的顶级品牌为核心	有价值的自有品牌 • 利用规模优势从海外低价采购 • 根据需求提供最佳商品选择

图2-22　MonotaRO的商业模式与传统销售方式对比

① 根据MonotaRO公司介绍资料（2019年3月17日）总结得出。

逐渐能够捕捉到那些希望简化间接物料采购流程的大企业的需求。客户可以通过总公司系统集中购买以前只能在每个站点单独购买的间接物料，这也体现了该企业已经能够满足想要"可视化"购买间接物料的大企业的需求。

针对传统的低效市场，MonotaRO通过互联网提出了一种高效的采购方式，因此才发掘出了一片蓝海市场。

📈 对比要点

综上，我们查看了经营工具和家具等的家居五金日杂店与家具店的财务报表。DCM-HD和似鸟HD展开了一场关于岛忠的收购战，但可以看出，胜负差距的背后是财务结构的差别。

MonotaRO可以说是开拓蓝海的成功范例，将高效的商业模式带入了传统的低效市场。

最后，我们用关键词来总结一下各个公司的商业模式的特点，如表2-4所示。

表2-4　DCM-HD、似鸟HD和MonotaRO商业模式的特点

公司	商业模式的特点
DCM-HD	家居五金日杂店；规模重视型
似鸟HD	室内SPA型
MonotaRO	销售管理费低；在线销售型

丸井即使增加"不出售商品的租户"也能赚钱的原因

通过企业的财务报表看百货公司经营的前景

接下来，我们来看一看丸井集团（以下简称丸井）和三越伊势丹控股（以下简称三越伊势丹HD）的财务报表，如图2-23所示。

丸井和三越伊势丹HD均经营百货业务，但经营策略和商业模式大相径庭。如大家所知，日本百货行业受到了新冠疫情的重创，所以这次我将通过2020年3月期（当时新冠疫情的影响还不是很大）的财务报表对两家公司进行对比分析。

在查看两家公司的财务报表时，我们必须考虑以下5点。

● 丸井B/S异常庞大的原因是什么？

● 为什么丸井的毛利率会超过三越伊势丹HD？

● 丸井增加"不出售商品的租户"的两大原因是什么？

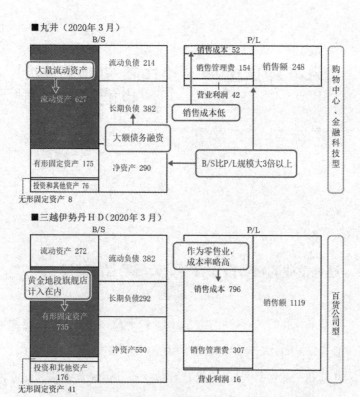

图2-23　百货公司的财务报表（单位：10亿日元）

● 丸井正在采取哪些"措施"来减少有息债务？

● 三越伊势丹HD能否利用其优越的地理位置？

接下来，就让我们围绕这些问题逐一进行比较。

丸井B/S异常庞大的原因是什么

并排查看丸井的B/S和P/L时，我首先注意到的是，与P/L相比，该企业B/S的规模是非常大的。三越伊势丹HD的B/S和P/L规模几乎是一样的，而丸井的B/S却达到了P/L的3倍以上。

丸井B/S异常庞大的原因之一是该企业寄售模式下产生的销售额是用净额（相当于利润）显示的，而三越伊势丹HD显示的是销售总额（所售商品的总售价）（新会计准则自2022年3月期起启用，届时三越伊势丹HD也将以净额的方式在财务报表中显示寄售模式下的销售额）。以上是销售额的不同显示方式造成的差异，但两家企业商业模式的差异也影响了丸井的B/S和P/L规模。

理解这一点的关键在于流动资产，丸井的流动资产为6270亿日元，而三越伊势丹HD的流动资产为2720亿日元。考虑到丸井和三越伊势丹HD的销售额分别为2480亿日元和11190亿日元，可以说丸井的流动资产金额是非常大的。为了找出丸井流动资产大的原因，让我们来看一看丸井和三越伊势丹HD的流动资产明细（2020年3月期），如图2-24所示。

丸井的大部分流动资产是"分期应收账款"和"商业贷款"，两项合计占流动资产的88%。三越伊势丹HD的流动资产也包括44%的"票据和应收账款"，但从金额和比例来看，丸井"分期应收账款"与"商业贷款"的存在感更强，因为丸井一直专注于金融科技

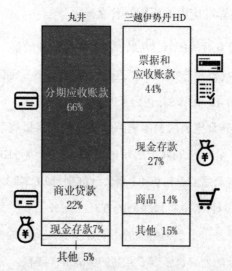

图2-24　丸井和三越伊势丹HD的流动资产明细

业务，具体而言就是，丸井开展了EPOS卡^①业务。

　　从图2-25按部门划分的收入来看，我们可以看到，在2016年3月期，丸井的金融科技业务占总收入的1/3左右，而到了2020年3月期，其金融科技业务占比已经超过了零售业务。此外，如果进一步查看有价证券报告书，便可发现丸井金融科技业务产生的利润几乎是零售业务的4倍。

　　上述分期应收账款为刷卡购物的应收账款，商业贷款则是以信用卡提现的方式进行的贷款。其中，随着金融科技业务的增长，该

_____

① EPOS卡是丸井集团发行的信用卡。

企业分期应收账款显著增加。也就是说，转向金融科技业务是丸井B/S规模大大超过P/L的原因之一。

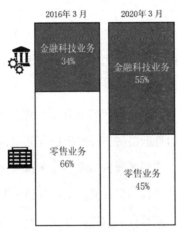

图2-25 丸井分部收入

另外，2020年3月期，三越伊势丹HD的"信贷、金融和同好会[①]业务"仅占总销售额的2%。归根结底，三越伊势丹HD的主营业务是百货业，占销售额的92%。

为什么丸井的毛利率会超过三越伊势丹HD

比较丸井和三越伊势丹HD的成本率，可以发现，丸井的成本率为21%（毛利率为79%），而三越伊势丹HD为71%（毛利率为

---

① 同好会，也称同好活动。顾名思义，指的是有相同爱好的人群聚集在一起的活动，如集会、组织俱乐部等。

29%）。

　　三越伊势丹HD的成本率水平略高于零售行业60%～70%的平均成本率，但也相差不远。

　　另外，丸井的成本率处于非常低的水平。而金融科技业务几乎不会产生成本，因此，丸井成本率低的一个原因是该企业已将重点转移到了金融科技业务上。

　　丸井成本率低的另一个原因隐藏在其零售业务内部。如图2-26所示，比较2016年3月期和2020年3月期的丸井零售业务销售收入明细，我们可以看到"商品销售额"和"寄售销售额（净额）"的百分比大幅下降。寄售是百货公司常见的一种销售形式，店内商品不计入公司自有库存，而是计入制造商库存，百货公司会在销售阶段记录购销。

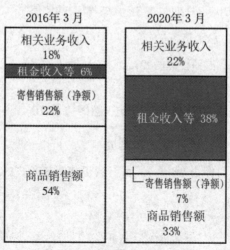

图2-26　丸井零售业务收入明细

这样做的好处是，百货公司不必持有商品库存，但坏处是由于制造商担负库存风险，他们会根据自己所承担的风险适当上调价格，因此，百货公司的采购价格往往较高，寄售这一销售形式的利润率也就比较低。如果试图确保利润率高于一定水平，百货公司的售价将不可避免地变高。另一个问题是，百货公司很难在备货方面掌握主导权，从而导致自己无法满足消费者需求，三越伊势丹HD等传统百货公司的销售不景气、经营业绩愈发严峻等状况主要也缘于上述商业习惯。

另外，"租金收入等"在丸井零售业务收入中的占有率正在增加。由此可以看出，丸井的零售业务正在从所谓的百货公司型向购物中心型转变。

丸井的零售业务不是从制造商那里采购商品并进行销售，而是通过将自有物业的店铺出租给租户的业务形式来稳定地增加销售收入和利润。丸井的租赁业务中几乎没有记录成本，因此，该企业的成本率很低，毛利率很高。

丸井增加"不出售商品的租户"的两大原因是什么

可以说，丸井的战略转变关键在于向"金融科技（信用卡）业务"和"购物中心型业务"的转变。

截至2021年7月，EPOS卡的年利率为18.0%，丸井放款所需的资金主要通过有息债务筹集。粗略地说，丸井金融科技业务的利润就是有息债务和EPOS卡利率的差额。该企业为筹措资金支付的利率非常低，这就是丸井能够在金融科技业务中获得高额利润的原因。

此外，正如我已经提到的，通过将零售业务转变为购物中心型模式，丸井建立了一种不易受客户需求趋势影响并能够产生稳定利润的商业模式。

这就是丸井实现高盈利的方式，据2021年7月13日的《日本经济新闻》早刊报道，丸井将在2026年3月前将其约30%的卖场面积转换为"不出售商品的租户"。此类租户不追求销售，而是专注于互联网领头企业等的商品介绍和体验等。

丸井将其零售业务定位成扩大客户群的工具，所以上述策略才可行，以金融科技为主要收入来源的丸井也许可以通过将客户从具有高吸引力的"不出售商品的租户"转移到信贷业务来增加利润。

丸井正在采取哪些"措施"来减少有息债务

丸井的高利润率背后的主要驱动力是金融科技业务，而利润的来源是EPOS卡的借贷利率和筹资利率之间的差额。如果丸井想要赚取更多利润，则要扩大其金融科技业务的规模。

那么，丸井所面临的问题就变成了如何筹集用于发放贷款的资金。为了尽可能降低筹资成本，可以通过有息债务筹集资金，但如果对有息债务的依赖度过高，就会损害企业的安全性。

此外，丸井将ROIC^①［投入资本回报率=税后营业利润/（有息负债+净资产）］作为其关键绩效指标（key performance indicator，KPI）之一，如果有息债务增加过多，ROIC便会下降，这也是劣势。

为此，丸井实施应收账款证券化（保理）来控制有息债务。应收账款证券化是指通过转让部分应收账款（分期应收账款、商业贷款）来筹集资金。应收账款证券化，可以利用募集资金偿还有息负债，抑制有息负债的增加。

应收账款证券化也将产生"应收账款转让收益"，应收账款转让收益是指在转让时提前入账的应收账款未来应取得的利息。

通过调整应收账款证券化程度，丸井可以控制其金融科技业务的资产和利润。因此，在分析丸井的业绩时，关注应收账款证券化的趋势非常重要。

三越伊势丹HD能否利用其优越的地理位置

从三越伊势丹HD的资产来看，最多的是有形固定资产，占总资产的60%。三越日本桥总店、三越银座总店、伊势丹新宿总店等旗舰店位于有利位置，是三越伊势丹HD的巨大经营资产和优势。

三越伊势丹HD社长细谷敏幸宣布，将开始重建伊势丹新宿总

---

① Return on Invested Capital，简称ROIC，投入资本回报率，是指投出使用资金与相关回报的比例，用于衡量投出资金的使用效果。

店和三越日本桥总店等旗舰店，预测三越伊势丹HD未来业绩的关键将是该企业如何利用这些位于黄金地段的旗舰店进行品牌营销，助推城市品牌形象建设。

📈 对比要点

到目前为止，我们已经比较了以百货业务闻名的丸井和三越伊势丹HD的财务报表。

丸井成功将其商业模式从传统的百货公司型转变为购物中心型，并专注于金融科技业务。该企业改变了利润来源于零售业店铺和销售技巧的方式，建立了一种新的商业模式。

由于新冠病毒蔓延，日本的入境消费人数大幅下降，国内需求也大幅下降，可以预想，百货公司业绩的严峻处境还会持续。丸井的业绩也会受到影响，但由于丸井的零售业务只是维持和扩大客户群的一种手段，与普通百货公司相比，新冠疫情对该企业的影响应该会很小。

此外，作为一个新的业务领域，丸井正在投资能够与自身金融科技业务产生协同效应的企业（丸井称之为"共创投资"）。由此可以设想，我曾在前面提到的"不出售商品的租户"也将通过丸井投资的这些领先企业获得保障，以金融科技为核心的业务发展或将成为丸井业绩增长的关键。

而三越伊势丹HD将专注于以地处良好位置的店铺为中心的

城市发展战略。在《日本经济新闻》之前的报道中，细谷社长明确指出，新宿和日本桥的再开发是未来10年至20年的项目，但是，能否构筑充分利用现实优势、带动整座城市经济增长的商业模式，可以说是关键所在。

最后，我们用关键词总结一下丸井和三越伊势丹HD的商业模式特点，如表2-5所示。

表2-5 丸井和三越伊势丹HD商业模式的特点

公司	商业模式的特点
丸井	购物中心、金融科技型
三越伊势丹HD	百货公司型

了解综合贸易公司和专业贸易公司的财务报表

需要注意会计准则的差异

作为本章的最后一个例子，让我们比较一下医药专业贸易公司日本株式会社美迪发路控股公司（美迪发路HD）和综合贸易公司伊藤忠商事的财务报表，如图2-27所示。

美迪发路HD是2000年三星堂、Kuraya制药、东京制药合并为Kuraya三星堂后，经多次M&A成立的医药专业贸易公司，伊藤忠商事则是行业领先的综合贸易公司。与三菱商事和三井物产不同，伊藤忠商事的特点是非财阀出身。该企业在一段时间内积极进行M&A，例如，对体育用品制造商迪桑特和全家的TOB等。看两家公司的财务报表有4点需要注意。

● 美迪发路HD利润率低的两大原因是什么？

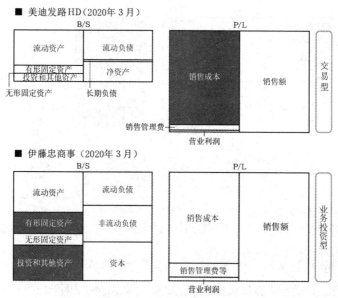

图2-27 贸易公司财务报表

● 提高美迪发路HD盈利能力的关键是什么？

● 伊藤忠商事的经营模式有什么特点？

● 查阅贸易公司财务报表时的会计准则是什么？

我现在将围绕以上要点逐一解说。

美迪发路HD利润率低的两大原因是什么

首先，让我们看一下美迪发路HD的财务报表，如图2-28所示。

我们首先可以注意到的是其P/L的规模比B/S的规模大，贸易公司和批发商的业务流程是商品从供应链上游流向下游，因此，P/L

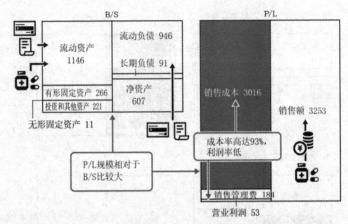

图2-28 美迪发路HD的财务报表（2020年3月，单位：10亿日元）

的规模往往很大。但是，P/L规模会根据销售或收益的记录标准而变化，因此我将在后续内容中就该事宜做出详细说明。

在B/S的资产侧，占比最高的是流动资产（11460亿日元）。而流动资产中占比最高的则是贸易票据和应收账款（销售债券），达6890亿日元。

贸易公司扮演的角色之一是为业务合作伙伴提供金融服务，也就是说，向业务合作伙伴出售商品后，贸易公司会在收取货款前为对方留出足够的时间，以支持其现金流量。由于贸易公司具有这样的财务功能，其应收账款数额往往较大。

美迪发路HD的有形固定资产为2660亿日元，这缘于其遍布全国的分支机构和物流设施。由于医院等医疗机构分散在日本各地，因此，美迪发路HD设有分支机构和物流设施以覆盖散布在各地的医疗机构。

在B/S的负债侧，流动负债为9460亿日元，但大部分是应付票据和应付账款等金钱债务（8840亿日元），即尚未支付的商品采购货款。

而如果查看P/L，便可发现，其销售成本为30160亿日元，但销售额为32530亿日元。成本率高达93%，从销售额中扣除销售和销售成本、销售管理费后，营业利润仅为530亿日元（营业利润率约为1.6%）。

为什么美迪发路HD的利润率如此之低？这有两个原因，即批发业务的低利润率和处方药的特性。

综合贸易公司以外的批发商营业利润率为2%～3%。随着制造商和零售商的不断整合，批发商采取各种措施来提高利润率，但是，以商品从制造商向零售商的流动为主要业务的批发商的附加价值不高，因此从事批发业的企业利润率非常低。

美迪发路HD利润率低的另一个原因是处方药的特性，由于处方药的药价是由政府制定的，因此利润很难增加。美迪发路HD社长渡边秀一也就利润率低的原因做出了回应，他表示："我认为利润率低是因为医药是一个在全民健康保险制度下进行税金投入的行业。"此外，据推测，价格低廉的仿制药品的扩散也影响了医药贸易公司的利润。

提高美迪发路HD盈利能力的关键是什么

在这种情况下，美迪发路HD可以采取什么样的措施呢？我认为，主要有三个方向。

一是扩大处方药领域以外的其他业务。从美迪发路HD的业务分布信息来看，该企业处方药批发业务的营业利润率为1.2%，而化妆品、日用品和非处方药批发业务的营业利润率为2.4%，动物用医药品、食品加工原料等批发业务也达到了2.9%，后两者的利润率都在处方药的一倍以上。

药店市场规模正在稳步增长，所以如果该企业能够发展处方药领域以外的领域，或许能够提高自己的利润率。但预计药店行业也将通过兼并等方式进行行业重组，需关注批发商附加值下降的可能性。

二是创建新业务。美迪发路HD主要经营的项目是接受制药商MR[①]所提出的业务委托。

该业务接手了原本由药品制造商承担的面向医疗机构的医药销售职责，如图2-29所示，美迪发路HD拥有日本最多的AR[②]。随着医药制造商MR数量的下降，扩大AR培养业务可能会增加美迪发路HD提供的附加值。但是，最近还出现了用医疗门户网站代替MR提

---

① medical representative，简称MR，医药销售代表。

② assist representative，简称AR，MR认证考试通过者。

序号	企业名称	MR数量
1	安斯泰来制药	2400
2	武田制药公司	2300
3	辉瑞公司	2238
4	第一三共株式会社	2200
5	MSD	2000

美迪发路HD的AR数量有2298名
（截至2019年1月末）

注：作者根据2022美迪发路中期愿景（2019年5月16日）创建

图2-29　美迪发路HD的新业务（AR培养）

供信息的现象，这也可能会导致此项新业务的附加值下降。

三是对药物研发的投资。在美迪发路HD，这被称为PFM[①]，即通过投资缺乏开发资金的制药企业，可以获得产品的部分利润。此外，通过签订产品垄断销售合同，还可能会增加贸易公司利润。这也可以说是"对上游领域的投资"，不过，虽然投资的药物上市后有望盈利，但药物开发的风险较高，因此，做好风险管理对企业而言十分重要。

伊藤忠商事的经营模式有什么特点

接下来，让我来说明一下伊藤忠商事的财务报表，如图2-30所示。

与美迪发路HD不同，伊藤忠商事B/S和P/L的规模几乎相同，

---

① project finance and marketing，简称PFM，项目融资和营销。

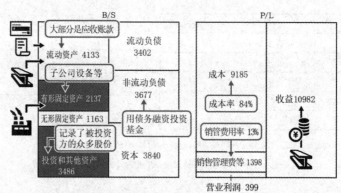

注："销售管理费等"是销售管理费和坏账损失的总和

图2-30　伊藤忠商事的财务报表（2020年3月，单位：10亿日元）

其原因在于伊藤忠商事在业务投资上投入大量资金并采用了IFRS。首先我会介绍伊藤忠商事的商业模式，之后再围绕IFRS等会计准则做出说明。

首先，应收账款（销售债券）占 B/S 左侧流动资产的一半以上，记录为21140万亿日元。在拥有大额应收账款这一点上，伊藤忠商事和美迪发路HD存在共性。

此外，有形固定资产的记录金额达21370亿日元。如果从有价证券报告书中的"主要设施状况"来看有形固定资产的内容，子公司的经营性资产会非常引人注目，例如进口车销售代理Yanase的店铺、伊藤忠Enex的发电厂、第一火腿的肉类加工设施等。

此外，投资和其他资产中记载的"权益法核算的投资"为16400亿日元，这包括对体育用品企业迪桑特、五十铃汽车销售、食品公司不二制油集团总公司和经营房屋建筑材料的大建工业等的投资。

这不仅限于伊藤忠商事，综合贸易公司最近均从传统贸易公司转变成了对各种业务开展投资的投资公司。结果，转变为投资公司的企业，其资产规模都增加了。

除股东权益外，通过公司债券和长期借款取得的资金也会用于此类业务投资。事实上，伊藤忠商事的非流动负债包括21930亿日元的公司债券和长期借款。

从P/L来看，相当于销售额的收入为109820亿日元，销售成本为91850亿日元（成本率84%），销售管理费等为13980亿日元（销管费用率13%），营业利润为3990亿日元（营业利润率4%）。[①]虽然伊藤忠商事在合并P/L中未列报营业利润，但我根据决算短信中披露的"基于日本会计惯例的营业利润"的计算方法，将收益减去成本、销售管理费以及坏账损失后的金额当作该企业的营业利润。

图2-31所示的伊藤忠商事按部门划分的当期净利润不仅包括金属、能源和化学品等与资源相关的业务，还包括住房和食料等许多与消费品相关的业务。

图2-31中的第八公司是指该企业新成立的一家公司，其解决需要其他公司参与的业务问题，负责全家等子公司，也是经营有生活消费品等众多业务的伊藤忠商事所独有的部门。

---

① 四舍五入导致合计合计为101%。

　　三菱商事、三井物产、住友商事等原财阀关联贸易公司对与资源相关的业务的投资比例较大，但在非财阀关联的伊藤忠商事，特点是其他业务（非资源）的投资比例比资源业务大。因此，和与资源相关的业务因疫情而受到重创的财阀系贸易公司相比，伊藤忠商事的业绩表现出了韧性。

　　事实上，有关2021年3月期的最新财务业绩的最终损益（归属于母公司所有者的当期净利润和亏损），三菱商事为1726亿日元，同比下降67.8%；三井物产为3355亿日元，同比下降14.3%；住友商事出现了有史以来最大的赤字（-1531亿日元）；而伊藤忠商事则确保了4014亿日元的最终利润，尽管较上年下降了19.9%（2020年

注：按部门显示"归属于公司股东的当期净利润"

图2-31　伊藤忠商事各部门的当期净利润（单位：10亿日元）

的最终利润为5010亿日元，如图2-31所示），但在综合贸易公司中却排名第一。

查阅贸易公司财务报表时的会计准则是什么

在查看贸易公司的销售额及利润时，重要的是要注意记录利润的标准。为了加深理解，我们有必要去了解与收益相关的会计准则。虽然难度略高，不过这也是查阅贸易公司财务报表的重点，因此我会简单地做出说明。

我们来看一看伊藤忠商事2013年3月期的有价证券报告书，销售额为12.552万亿日元，收益为4.58万亿日元，上面还记载道："销售额是按照日本会计惯例显示的。"

这是由日本会计惯例中的销售额确认标准与当时伊藤忠商事采用的美国通用会计准则的收益的确认标准不同所致。我们认为的传统贸易公司业务是商业交易，即商品和服务的买卖中介。在日本的会计惯例下，许多企业将交易所涉及的交易总额记为销售额，但美国通用会计准则不允许这样做，采用美国通用会计准则的企业只会在收益中记录交易产生的差量损益和佣金。结果，日本会计惯例下的销售额与基于美国通用会计准则的收益之间会存在近3倍的差额。

伊藤忠商事在2018年3月期的收入为5.51万亿日元，但在2019年3月期却达到了11.6万亿日元。这主要是由于该企业采用了新的IFRS收入确认准则（IFRS15号）。根据该准则，如果公司持有"履行承诺的责任""库存风险""价格自主权"，则将交易总额视为收入，否则，视净额（差量损益）为收入。

采用了新会计准则后，伊藤忠商事更多的交易都按照总额记为收入，因此，收入金额才会增加。伊藤忠商事的业务范围并没有显著扩大，这一点是需要注意的。

此外，与IFRS15号几乎相同的"收入确认会计准则"（企业会计准则第29号）计划从2022年3月开始适用于日本会计准则。随着该会计准则的应用，采用日本会计准则的贸易公司和批发商等的销售额和利润也可能会发生显著变化。如前面介绍的那样，正因为三越伊势丹采用了该会计准则，所以其寄售业务才会显示为净销售额。

如上所述，收入金额会因会计准则而异，因此在对贸易公司进行业务分析时必须注意。例如，如果销售额和收益的数据发生变化，营业利润率和应收账款周转期［应收账款周转=应收账款/（销售额/365天），指企业从取得应收账款的权利到收回款项、转换为现金所需要的时间］等经营指标也将发生显著变化，我们需要仔细阅读和理解指标数值是否真正代表了经营的实际状态。

📊 对比要点

美迪发路HD主要专注于相对传统的交易，由于交易附加值低，加上处方药品的特点，美迪发路HD的盈利能力难以维持在高位水平。

与其他综合贸易公司一样，伊藤忠商事已向商业投资公司转型，相对于财阀下属的其他综合贸易公司而言，非财阀出身的伊藤忠商事在资源业务方面的比重较低，因此，该企业逐渐提升了自己在行业内的排名。

此外，贸易公司的销售额和利润因采用的会计准则而异，对贸易公司进行经营分析时必须注意到这个问题。

最后，我们用关键词来总结一下两家公司的特点，如表2-6所示。

表2-6 美迪发路HD和伊藤忠商事商业模式的特点

公司	商业模式的特点
美迪发路HD	专门经营药品的贸易公司；交易型
伊藤忠商事	综合贸易公司；业务投资型

餐饮、服务和金融业的财务报表

图解财务报表所涉示例企业

萨莉亚 vs Bronco Billy vs 壹番屋

藏寿司 vs 寿司郎GHD vs 泉膳HD

Sansan vs Money Forward

大垣共立银行 vs 三菱UFJ银行 vs 柒银行

为什么壹番屋的商业模式
能在销售额下降的情况下表现强劲

特许经营权和成本结构的相关性

作为第三章的第一个例子，我们来比较一下餐饮服务行业的三家公司萨莉亚、Bronco Billy和壹番屋的P/L。

萨莉亚是一家低价的意大利家庭连锁餐厅，Bronco Billy是牛排馆，壹番屋则经营着名为"CoCo壹番屋"的咖喱屋等。

新冠疫情对餐饮行业的影响很大，但为了了解每家公司的原始成本结构，我们来并排比较下在疫情影响不大时的P/L，如图3-1所示。

此外，Bronco Billy没有编制合并财务报表，因此本书采用的是该企业的个别（仅母公司）P/L，而其他两家公司为合并（集团范围）P/L，看这些P/L有4点需要注意。

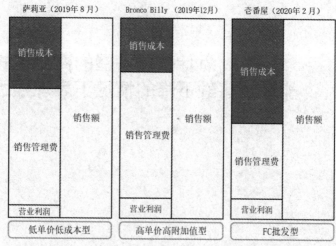

图3-1 萨莉亚、Bronco Billy和壹番屋的P/L（比例）

● 萨莉亚的成本结构有哪些特点？

● 为什么Bronco Billy可以提高利润率？

● 壹番屋成本率高、销管费用率低的原因是什么？

● 即使在新冠疫情时期也能产生利润的餐饮业商业模式是什么？

接下来，我会分别解说以上每个要点。

萨莉亚的成本结构有哪些特点

图3-2显示了萨莉亚的P/L和销售管理费的比例明细，萨莉亚的菜单中都是些低价的餐品，其中就包括非常流行的富有米兰风格的多利亚（截至2021年7月售价为300日元）。因此，如果不能降低成

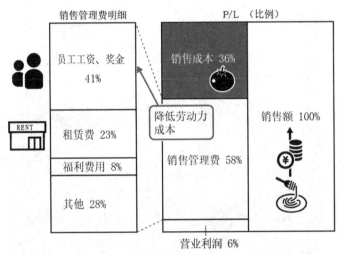

图3-2 萨莉亚的P/L和销售管理费的比例明细（2019年8月）

本，该企业就很难盈利。

FL成本比率是反应餐饮行业成本的一个指标，这个比率显示了食材成本（food）和人力成本（labor）占销售额的百分比，我们有时会在此基础上添加租赁成本（rent）并查看这三大块占营业额的比率，即FLR成本比率。

像萨莉亚这样的低价公司，客单价偏低，FL成本比率往往偏高。

因此，为降低成本，萨莉亚的目标是成为一家"制造直销业"企业。也就是所谓的食品SPA，即可自行处理商品开发、食品生产、加工和交付等所有环节的工作，如图3-3所示。

萨莉亚正在建立可以低成本提供食物的系统，例如，在澳大利

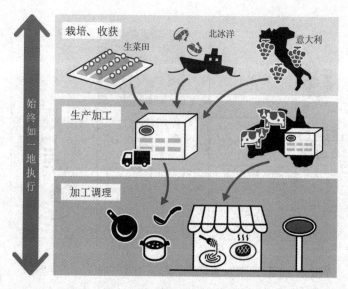

图3-3　萨莉亚的商业模式

亚建立自己的工厂，生产该企业的主要产品汉堡和米兰风味的多利亚所必需的汉堡肉和白酱等。此外，为了提高蔬菜的利用效率，该公司还从事蔬菜种子的开发工作。

萨莉亚实现上述制造直销的关键有二：一是"所有门店均为直营店"，二是"基本商品"构成的计划生产。该公司的所有店铺都是直营的，所以可以及时掌握日常需求。正是因为长期持续提供基本商品，所以萨莉亚才能够有计划地进行生产，做到价格与质量并重。

通过以上举措，萨莉亚能够降低食材成本，而通过在自有工厂加工，减少店铺内加工和烹饪的人员，能够降低人工成本。其销售成本率为36%，略高于一般餐饮业的标准（30%左右），但人工成本率（员工工资和奖金/销售额）处于24%（41%×58%）的低水平。该企业综合上述两项成本的FL成本比率为60%，一般来说，FL成本应该控制在60%左右，通过上述方法实现企业低成本运营的萨莉亚获得了6%的营业利润率。

经营回转寿司连锁店的藏寿司，其劳动力成本与销售额的比率为26%（2019年10月期）。回转寿司店会把制作好的寿司放入盘子后摆在输送带上传送至顾客面前，人事费成本往往较低，人事费与销售额之比也较低，但萨莉亚的人事费比例比藏寿司还要低，由此我们可以看出该企业在店铺高效运营方面执行得十分彻底。

为什么Bronco Billy可以提高利润率

接下来，让我们看一下牛排馆Bronco Billy的P/L和销售管理费明细，如图3-4所示。

Bronco Billy成本结构特性是27%的销售成本率和约24%［62%×（24%+15%）］的人工成本率，均处于较低水平，FL成本比率为52%（小数点后有误差，不单纯是F和L的总和）。此外，租赁费与销售额的比例也保持在7%左右（62%×11%），FLR成本比率为59%。FLR成本比率的标准一般在70%以内，所以该企业处于一个相当低的水平。

因此，该企业2019年12月期的营业利润率为11%，达到了极高的水平。

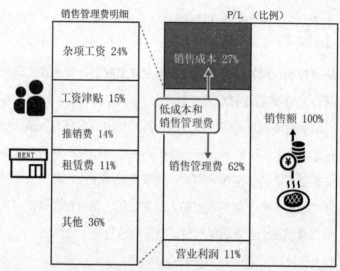

图3-4　Bronco Billy的P/L和销售管理费的比例明细（2019年12月）

高利润率背后的原因包括像萨莉亚一样使用该企业自己的工厂以及店铺运营标准化等低成本运营措施的施行，但另一个主要原因是它们能够保持较高的客单价。

Bronco Billy的客单价为1700日元，与壹番屋的平均客单价910日元以及萨莉亚的平均客单价700日元相比，非常突出。

Bronco Billy通过炭烤牛排和汉堡肉、每季更换沙拉吧的内容、使用鱼沼越光大米等措施，为客户提供高附加值，从而实现了高客单价与高利润率。

壹番屋成本率高、销管费用率低的原因是什么

图3-5显示了壹番屋的P/L和销售管理费明细，很明显，其成本结构与我们目前看到的萨莉亚和Bronco Billy有很大不同。具体来说，该企业销售成本的比例高达52%，而销售管理费的比例却低至38%。

引起这种成本结构差异的原因是壹番屋的FC系统，这是一个允许员工（在自己公司的店铺接受过培训）独立开设FC加盟店的系统。

据壹番屋官方网站称，对FC加盟店征收的特许经营权使用费是"零"，店铺内销售收入扣除费用后的所有利润均属于FC所有者。

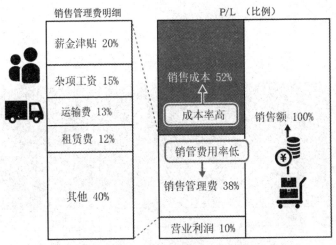

图3-5 壹番屋的P/L和销售管理费明细（2020年2月）

那么，FC总部壹番屋是如何通过FC店获取收入的呢？解开这个秘密的钥匙就在有价证券报告书中。

表3-1摘自有价证券报告书，显示了壹番屋按业务划分的销售构成比。从中我们可以看出，直营店仅占壹番屋销售额的34%，而65%是通过向FC店供应食材等获取的销售额。换言之，FC总部壹番屋会向FC店销售食材并从中获利。

该有价证券报告书显示，截至2020年2月末，该企业共有直营店（含新业态）180家，FC店1121家，FC店比例高达86%。

可以推测，此类以FC店为对象的"批发业"的毛利率远低于直营店的毛利率，这也是壹番屋的成本率高达52%的原因。

另外，与100%直营的萨莉亚和Bronco Billy相比，该企业店铺的人工成本和租金等较少，因此销管费用率较低。结果，壹番屋以10%的营业利润率实现了高盈利。

表3-1　壹番屋的销售构成比（直营、FC）[①]

业务部门	内容	销售构成比（%）	
		上一会计年度合并财务报表数据（自2018年3月1日至2019年2月28日）	当前会计年度合并财务报表数据（自2019年3月1日至2020年2月29日）
咖喱业务			
直营店销售额		31.5	31.8

[①]　作者根据壹番屋有价证券报告书（2020年2月期）创建。

续表

业务部门	内容	销售构成比（%）	
		上一会计年度合并财务报表数据（自2018年3月1日至2019年2月28日）	当前会计年度合并财务报表数据（自2019年3月1日至2020年2月29日）
产品	猪肉酱、猪排等	26.1	26.2
商品	收银台前商品等	5.3	5.5
其他	快递费等	0.1	0.1
以FC为对象的销售额		64.4	64.3
产品	猪肉酱、猪排等	20.5	22.3
商品	便当套餐、混合奶酪等	39.4	37.9
其他	店铺设备及施工费等	4.5	4.1
其他收入	加盟费收入、手续费收入等	1.1	1.1
小计		97.0	97.2
新业态业务			
直营店销售额		2.7	2.4
产品	安卡克酱、猪排等	2.7	2.4
商品	收银台前商品等	0.0	0.0
以FC为对象的销售额		0.3	0.4
产品	安卡克酱、猪排等	0.1	0.1
商品	意大利面等	0.2	0.3
其他	其他	0.0	0.0
其他收入	加盟费收入等	0.0	0.0
小计		3.0	2.8
合计		100.0	100.0

即使在新冠疫情时期也能产生利润的餐饮业商业模式是什么

正如我在本节开头所提到的，餐饮公司的经营业绩受到了新冠疫情的极大影响。最后，让我们通过每家公司的最新财务业绩看看在新冠疫情下也能产生利润的公司是哪家，以及原因所在。

萨莉亚2020年8月期的财务业绩显示其销售额为1268.42亿日元，营业亏损为38.15亿日元，企业经营陷入亏损，营业利润率约为−3%。

在2020年12月期的财务业绩中，Bronco Billy的销售额为172.73亿日元，营业利润为1.62亿日元，营业利润率为1%，勉强实现盈利。

我们再看一看壹番屋2021年2月期的财务业绩，其销售额为442.47亿日元，营业利润为25.59亿日元，与上期相比，虽收入与利润均有所减少，但仍然确保了6%的营业利润率。

事实上，与萨莉亚和Bronco Billy相比，壹番屋即使在新冠疫情期间也能获得利润的原因在于壹番屋已经形成了一种以FC店为主体的商业模式。

在以直营为主的餐饮服务企业，销售成本（食材）以外的人工成本和租金成本等销售管理费是具有所谓"固定费"性质的成本。上述成本在销售额下降时基本不会减少，所以当销售额下降时，这些成本会导致利润大幅下降。这就是萨莉亚出现经营亏损的原因，就连盈利能力非常强的Bronco Billy也因此而导致其利润降到了接近零的地步。

而具有批发性质的壹番屋，其固定的销售管理费的比例相对较低。有关向FC店提供的食材的费用，由于可以根据FC店本身的销售情况进行购销，所以如果销售额下降，成本也会下降。也就是说，以FC店为对象的食材成本可以说是一种具有"变动费"特征的成本。因此，与萨莉亚和Bronco Billy相比，壹番屋的成本结构更适合应对销量下滑的危机。

📊 对比要点

在本节中，我们比较了餐饮服务行业公司萨莉亚、Bronco Billy和壹番屋的P/L。由于使用的食材、提供的附加值的高低和商业模式的不同，P/L也有很大差别，三家公司商业模式的特点如表3-2所示。

此外，特别是在新冠疫情等对销售额影响较大的环境下，壹番屋等变动费占比较大的商业模式的成本结构更容易产生利润。在分析企业财务报表时，这一特征务必牢记在心。

表3-2　萨莉亚、Bronco　Billy、壹番屋商业模式的特点

公司	商业模式的特点
萨莉亚	直营、食品SPA；低单价低成本型
Bronco Billy	直营；高单价高附加值型
壹番屋	FC批发型

比较回转寿司企业的财务报表

和顶级企业的差距到底在哪里

本节，我会并排比较经营回转寿司的藏寿司、寿司郎全球控股（现在的公司名称是FOOD & LIFE COMPANIES，但这里会根据2020年9月期的公司名称写为寿司郎GHD）、泉膳控股（泉膳HD）的财务报表，如图3-6所示。

藏寿司正在开展回转寿司"无添藏寿司"业务，藏寿司对店铺所占土地几乎没有所有权，而且除了有形固定资产较少，经营鲜鱼的餐饮服务业的应收账款和存货也很少，因此，B/S规模比P/L小。

寿司郎GHD经营着回转寿司餐厅"寿司郎"和居酒屋风格的"杉玉"。此外，2021年4月，该企业从吉野家控股收购了京樽，还将外卖寿司餐厅"京樽"和回转寿司餐厅"海鲜三崎港"等纳入旗下。

　　寿司郎GHD的财务报表显示在图3-6的中间位置（寿司郎GHD采用IFRS，为方便与其他两家采用日本准则的公司进行对比，在营业利润的计算中，并未涵盖"其他收入"和"其他费用"），其B/S规模大于P/L，原因之一是寿司郎GHD采用了IFRS。根据IFRS，新的租赁会计准则（IFRS16号）会从2019年12月期开始强制执行。由于采用了新的租赁会计准则，寿司郎GHD的B/S上记录的租赁资产范围较过去有所扩大，有形固定资产从2019年9月期的260亿日元大幅增加到了2020年9月期的1200亿日元。

　　寿司郎GHD的B/S规模大于P/L的另一个原因出自B/S上记录的无形固定资产，稍后我会详细做出说明。

　　泉膳HD是一家餐饮集团（复合企业），不仅经营着回转寿司餐厅"滨寿司"，还开设了牛肉饭餐厅"食其家"、乌冬面餐厅"中卯"、家庭餐厅"可口食"、"Jolly pasta"和"Big Boy"等，以利用M＆A来扩展其业务领域而闻名。

　　泉膳HD的B/S规模也小于P/L，与专营寿司的藏寿司和寿司郎GHD相比，泉膳HD还有寿司以外的餐饮业务和零售业务，因此其库存要大一些。此外，其部分业态正在以FC的形式开展经营，因此财务报表中还记录有应收账款。另外，由于不持有土地和建筑物，且很多店铺都开设在租借来的房产中，该企业的有形固定资产很少，B/S规模也很小。

　　接下来，我将在对这些企业的财务报表进行比较分析的同时解说以下两个要点。

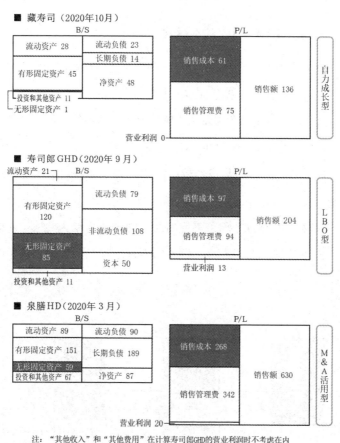

图3-6 回转寿司企业的财务报表（单位：10亿日元）

● 寿司郎GHD为什么这么赚钱？

● 为什么寿司郎GHD和泉膳HD的B/S会记入无形固定资产？

现在就让我围绕以上各点来逐一解说。

寿司郎GHD为什么这么赚钱

为了就我所介绍的三家公司的利润结构进行对比分析，让我们看一下以比率为基础创建的P/L比例图（见图3-7）。

这样的对比清楚地显示了三家公司成本结构的差异。

首先，寿司郎GHD的成本率最高，为47%。一般来说，使用鲜鱼的回转寿司往往销售成本较高，寿司郎在原材料成本上的花费不菲。

另外，以着力于配菜著称的藏寿司的成本率为45%。一般来说，配菜的成本低于寿司，藏寿司专注于配菜似乎也是出于以上原因。

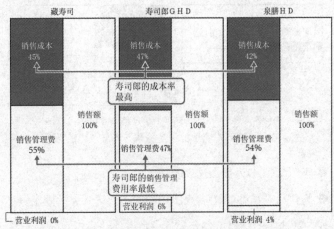

注：比例图采用藏寿司2020年10月期、寿司郎GHD2020年9月期和泉膳HD2020年3月期数据

图3-7 回转寿司企业的P/L（比例）比较

旗下同时拥有牛肉饭餐厅和家庭餐厅的泉膳HD在这三家公司中成本率最低，为42%。通常，餐饮服务行业的成本率在30%左右。回转寿司以外的其他业态的比率一旦增大，成本率便会下降。泉膳HD的总销售额为6300亿日元，滨寿司的销售额则为1290亿日元，约占泉膳HD总销售额的20%。

接下来，通过比较可以发现，藏寿司的销管费用率为55%，寿司郎GHD为47%，泉膳HD为54%，寿司郎GHD的销管费用率最低。因此，寿司郎GHD的营业利润率达到了6%，在这三家企业中高居首位。

为什么寿司郎GHD的营业利润率会如此之高？其中的关键点就是单店销售额，有关这一点，我会站在回转寿司成本结构的角度来做出说明。

经营寿司的企业，销售成本相当于寿司的原材料成本，这种销售成本就是所谓的可变成本，大致与销售额成正比。销售管理费是人员费用和商店的土地租金，这些费用具有很强的固定成本的特征，与销售额无关。

在考虑单店的盈利能力时，重要的是要考虑从销售额中减去可变成本后获得的限界利益（在本案例中是销售额的毛利润）是否可以超过固定成本（人事费、地租房租）。如果单店固定成本变化不大，单店销售额越高，单店限界利益就越高，店铺的盈利能力也越强。

如表3-3所示，各公司的单店销售额分别为藏寿司2.6亿日元、

寿司郎GHD3.3亿日元、泉膳HD（滨寿司）2.5亿日元，寿司郎GHD
的单店销售额是最高的，其销管费用率低的原因就在于此。

表3-3　回转寿司单店销售额比较

	藏寿司	寿司郎GHD	泉膳HD[①]
销售额	135835	204957	128953
店铺数量（家）[②]	521	624	514
单店销售额（百万日元）	261	328	251

当然，单店销售额高的背后是经营者在保证寿司品质、利用数
字化转型提高客户满意度、扩大销售额、减少处置损失等方面做出
的努力。在新冠疫情期间，利用智能外卖柜等实现人人无接触的外
卖机制也取得了成功。

通过持续采取上述举措，尽管成本率很高，但是寿司郎GHD依
然能够实现高盈利。

为什么寿司郎GHD和泉膳HD的B/S会记入无形固定资产

接下来，让我们用一个基于比率的比例图（见图3-8）来比较
每家公司的B/S。

藏寿司的B/S记录的无形固定资产很少，几乎可以忽略不计，
但寿司郎GHD的无形固定资产占到了总资产的36%，泉膳HD记录

---

① 泉膳HD仅根据"滨寿司"的销售额和店铺数量进行估算。
② 包括海外店铺等，店铺数量根据各公司财年末的有价证券报告书估算。

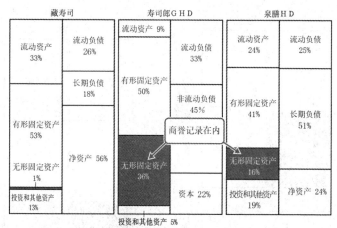

注：比例图采用藏寿司2020年10月期、寿司郎GHD2020年9月期和泉膳HD2020年3月期的数据

图3-8 回转寿司企业的B/S（比例）比较

占16%。

商誉在这些无形固定资产中占比很高，接下来，我将说明商誉是如何反映在财务报表中的。

我们以A公司100%收购B公司股份的情况为例，此时，A公司将以高于B公司净资产（以市场价值评估资产和负债时的净资产）的价格收购B公司的股份。由于A公司收购了B公司的股份，所以B公司的股份记录在图3-9左侧，也就是A公司B/S的资产侧。

接下来，我要综合A公司和B公司的B/S创建一个合并B/S。此时，A公司的资产、负债和净资产与B公司的资产以及负债需要全部加在一起。根据会计准则，B公司的资产与负债以市值折算。

A公司对B公司的部分投资（B公司的股份）和B公司的净资产

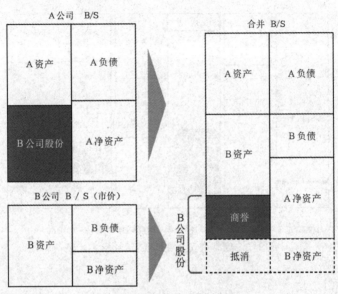

图3-9　商誉记录机制

处于被重复计算的状态，因为A公司投资的资金（B公司的部分股份）被算作了B公司的净资产，这里的问题是如何处理A公司持有的B公司股份和B公司的净资产。因此，B公司的净资产需要与等值的B公司股份相抵消，将剩余部分计入"商誉"，这就是在进行M&A的公司财务报表中记录"商誉"的机制。

泉膳HD通过收购日本可口食、日本Big Boy和中卯等公司的股份并将其转变为子公司来扩展业务，换言之，泉膳HD通过M&A建立了一家餐饮集团。因此，在上述案例中，A公司就相当于泉膳HD，B公司是通过M&A成为其子公司的公司，每次

M&A均记录商誉，这就是在泉膳HD的B/S中计入无形固定资产的原因。

另外，寿司郎GHD记录商誉的原因要复杂一些。寿司郎GHD的前身Akindo寿司郎在2008年成为Unison Capital的子公司时曾暂时退市。退市后，Unison Capital将Akindo寿司郎的股份出售给了Permira Fund。之后，寿司郎GHD重新上市。

在此过程中，Permira Fund成立了一家公司与Akindo寿司郎合并，同时收购其股份。为合并而设立的公司与Akindo寿司郎进行合并之后，新公司（寿司郎GHD）成立。也就是说，在记录商誉的例子中，A公司就是以合并为目的而设立的公司，B公司则相当于Akindo寿司郎。

基金设立的公司（A公司）以高于市场净资产的价格收购Akindo寿司郎（B公司）的股份并成立了新公司（寿司郎GHD），因此，商誉会计入该企业的B/S当中。这种商誉的数额非常大，甚至超过了净资产。

在寿司郎GHD等案例中，A公司除了自有资金外，还积极利用借来的资金作为收购B公司的资金，所以这种收购的方式就是LBO[①]。

此外，寿司郎GHD有价证券报告书的"业务等风险"明确指

---

① leveraged buyout，简称LBO，杠杆收购。

出，商誉等的减值①属于业务风险。

如上所述，泉膳HD和寿司郎GHD的B/S中均记录有无形固定资产，但是，其原因却存在非常大的差异，这一点需要注意。

📊 对比要点

> 到目前为止，我们已经看到，回转寿司公司的公司特征在其财务报表中得到了清晰的体现。
>
> 尽管销售成本率很高，但寿司郎GHD仍通过增加单店销售额，成功实现了高利润率。
>
> 与自力更生的藏寿司相比，实施M&A增长战略的泉膳HD记录了商誉等无形固定资产。此外，经历过基金退市的寿司郎GHD也记录了LBO产生的大量无形固定资产。
>
> 最后，我会用关键词总结每个企业的商业模式的特点，如表3-4所示。

---

① 商誉减值是指对企业在合并中形成的商誉进行减值测试后，确认相应的减值损失。

表3-4 藏寿司、寿司郎GHD、泉膳HD商业模式的特点

公司	商业模式的特点
藏寿司	专注于配菜；自力成长型
寿司郎GHD	高收益；LBO型
泉膳HD	餐饮集团；M&A活用型

阅读DX企业财务报表

导致经营CF存在正负差异的决定性因素是什么

在本节中，我会通过Sansan和Money Forward这两家数字化转型企业的财务报表（见图3-10）探讨CF报表与商业模式之间存在怎样的关联性。

Sansan是一家专注于为企业提供基于云的名片管理等服务的商业名片运营商，Money Forward是一家提供云记账等服务的公司。两者都可以说是利用IT为企业和个人DX提供支持的企业，但相比之下，Sansan的经营CF是正值，而Money Forward的经营CF为负值。

在看这些公司的财务报表时，有两点需要考虑。

● 为什么Sansan的经营CF有盈余？

● 对Money Forward的经营CF施加压力的"某项新服务"是

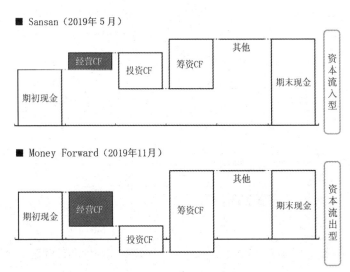

图3-10 Sansan和Money Forward的CF报表

什么？

接下来，我会分别就以上两点做出解说。

为什么Sansan的经营CF有盈余

让我们从Sansan的财务报表开始看起，从图3-11右上方显示的
P/L来看，该企业在2019年5月期出现了8.5亿日元的营业亏损。对于
这样的IT企业，销售额和费用几乎没有挂钩（固定成本很高），所
以即使销售额增加到盈亏平衡点（0利润点），也经常会持续出现
赤字，一旦超过盈亏平衡点，销量越大，利润往往越高。

事实上，在2020年5月期，随着销售额的增加，Sansan的营业

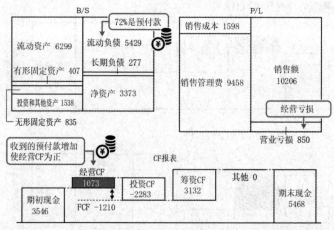

图3-11　Sansan的财务报表（2019年5月，单位：百万日元）

利润实现了7.57亿日元的盈余。换言之，Sansan在2019年5月期的销售额仍低于盈亏平衡点。

而在CF报表中，其经营CF为10.73亿日元，Sansan的商业模式是解开经营CF在营业收入为赤字的情况下仍有盈余的原因的关键。

Sansan的主要产品有致力于为企业提供服务的Sansan和为个人服务的Eight，其中，Sansan业务方面，除"初期费用"（1年的使用费）外，接受服务的企业还要在签订合同时预付"使用支持费"。这些预付费用将在B/S的流动负债项下计入"预付款"项目，预付款的增长将推高经营CF。

从Sansan的B/S中可以看到，收到的预付款占流动负债的

72%，这是确保经营CF为正的一个因素。即使经营亏损，Sansan的经营CF仍有盈余的原因在于其允许以这种方式记录预付款的费用结构。

对Money Forward的经营CF施加压力的"某项新服务"是什么

接下来，我们来看一看Money Forward的财务报表，如图3-12所示。

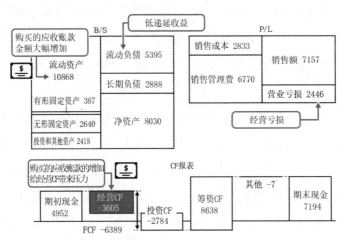

图3-12　Money Forward的财务报表（2019年11月，单位：百万日元）

Money Forward公布的2019年11月期的亏损为24.46亿日元，经营CF也亏损36.05亿日元，经营CF亏损金额超过了P/L上的营业亏损金额。

　　与Sansan不同，Money Forward没有协议方提前支付初期费用的费用结构。所以其B/S中的递延收益金额比Sansan少，这也是该企业经营CF呈亏损状态的原因之一。

　　而其经营CF亏损的另一个原因很可能是2019年8月正式推出的新服务"Money Forward Early Payment"。这项新服务是所谓的应收账款证券化（保理）服务，Money Forward的全资子公司Money Forward Kessai购买客户企业拥有的应收账款并提前将应收账款转换为现金支付给对方。

　　通过使用这项服务，客户企业无须等待收回应收账款即可获得现金，有利于改善他们的现金流。Money Forward自2018年12月起尝试提供该服务，截至2019年8月，累计申请量已超300亿日元。

　　对于希望改善企业资金流的客户来说，这是一项很棒的服务，但Money Forward必须购买应收账款并支付现金，这会减少其现金流。事实上，2019年11月期，在B/S上记录为流动资产的已购买应收账款（从客户企业购买的应收账款）金额增加了17.07亿日元，这成了造成企业经营CF压力的因素之一。

　　由于经营CF和投资CF都处于亏损状态，Money Forward的FCF为−63.89亿日元，该企业正在通过借贷和增资等筹集资金来弥补这一点。因此，筹资CF为金额较大的正值，确保其手头有现金。

　　在之后发布的2020年11月期财务业绩中，由于从客户处购买的应收账款减少、递延收益增加等，经营CF赤字幅度减少，但如果继续扩大这项服务的规模，则需要更多资金。对于Money Forward来说，若要继续开展这项服务，则需要更加精准的判断。

对比要点

如上所述，经过对包括CF报表在内的财务报表进行分析，通过云提供DX服务的Sansan和Money Forward的商业模式的差异得到了突显。

Sansan采用预付费制，通过预付款赚取现金。结果，尽管经营亏损，但该公司还是成功地将经营CF扭亏为盈了。

另外，Money Forward除了不预先支付的费用结构，新业务保理服务还导致其资本流出，手头的现金很容易用完。

最后，我们用关键词来总结一下各个公司商业模式的特点，如表3-5所示。

表3-5　Sansan和Money Forward商业模式的特点

公司	商业模式的特点
Sansan	通过预付现金实现的资本流入型
Money Forward	通过购买应收账款实现的资本流出型

通过财务报表看金融行业的商业模式

银行业务特征如何在财务报表中体现

在本节中，我会比较和解说地方银行大垣共立银行、大型银行三菱UFJ银行和流通类银行柒银行的财务报表，如图3-13所示。

整理这些财务报表时我特意将B/S和P/L调整为了相同比例，稍后我会说明原因。

大垣共立银行是日本岐阜县大垣市的一家地方银行，开设有不必下车即可得到服务的银行等特色店铺，还开发了包括与偶像团体合作的广告宣传组合"OKB5"等在内的OKB品牌商品等。

三菱UFJ银行是日本三家大型银行之一，以三菱UFJ金融集团为母公司。不仅在日本，该银行在全球各地都拥有分行。

柒银行是7&I控股（7&I HD）旗下银行，开展银行业务，主要集中在7-11便利店内设立的ATM取款机上。

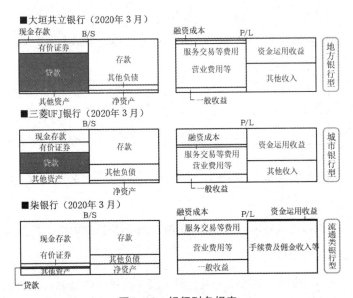

图3-13 银行财务报表

我们在查看这些公司的财务报表时，需要考虑以下4点。

● 为什么银行P/L比B/S小？

● 大垣共立银行的商业模式和财务报表有什么关系？

● 三菱UFJ银行财务报表有哪些特征？

● 柒银行的商业模式是怎样的？

现在就让我来逐一进行解说。

为什么银行P/L比B/S小

如果我们以相同比例呈现大垣共立银行的B/S和P/L，则如图
3-14所示。

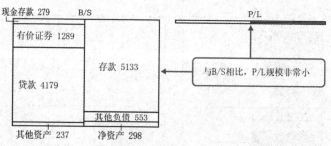

图3-14 大垣共立银行的B/S和P/L规模比较（2020年3月，单位：10亿日元）

我们可以从图中看出，相比B/S，P/L的规模非常小，其原因在于银行的商业模式。

图3-15说明这是传统的银行商业模式：银行通过个人和企业的存款筹集资金并将其出借给借款方，继而从借款方获得贷款利息。贷款利率与存款利率之差（存贷利差）就是银行的主要经营收入，也是利润的主要来源。

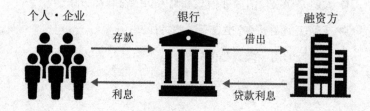

贷款利息与利息的差额是
银行利润的来源

图3-15 传统银行商业模式

银行收入来源是贷款与存款利息差额，业务开展需要大量资金。因此，银行的B/S非常庞大。另一方面，根据东京商工研究公司调查，银行的收入仅占所用资金的1%左右。所以银行的B/S规模比较大，P/L很小。

当B/S和P/L的规模像这样相差很大时，很难以相同的比例并列比较B/S和P/L。因此，我在这里会将B/S和P/L设为相同大小的图表，并说明各家银行的商业模式与财务报表的关系。

大垣共立银行的商业模式和财务报表有什么关系

让我们仔细分析一下大垣共立银行的财务报表（见图3-16），在B/S的资产侧，贷款（41790亿日元）比例最大，其次是有价证券（12890亿日元），而资金来源的绝大部分是B/S右侧的存款（51330亿日元）。

就B/S而言，大垣共立银行的商业模式与传统银行类似，即向个人和企业借贷存款。但是，一些存款也会被用于投资有价证券等。

P/L收入侧包括由贷款利息、有价证券利息和股息构成的资金运用收益以及其他收入，银行其他收入主要包含与子公司的租赁服务相关的收入（380亿日元）以及包含外汇手续费和信托销售佣金在内的服务交易等收入（150亿日元）。

扣除相当于销售成本的融资成本、服务交易等费用和相当于销售管理费的营业费用等支出后，一般收益为100亿日元。

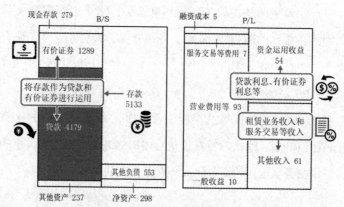

图3-16　大垣共立银行的财务报表（2020年3月，单位：10亿日元）

大垣共立银行以包括独特的店铺在内的各种方式发展其品牌，但其规模还不足以对B/S和P/L产生很大的影响，因此，这些业务的影响并没有直接反映在B/S和P/L中，该银行做这些品牌业务似乎是为了提升自己作为本土化导向型企业的品牌形象，并通过存款筹集资金。

三菱UFJ银行财务报表有哪些特征

接下来，让我们看一下三菱UFJ银行的财务报表（见图3-17）。

三菱UFJ银行的B/S的资产侧现金存款与其他资产的比例比大垣共立银行大，而贷款的比例较小。其他资产包括与资金运用相关的各种资产，如与证券回购交易（将一定时间后以一定价格回售作为条件购买有价证券）相关的金融应收款项和与交易相关的特定交易资产。

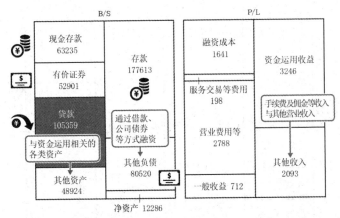

图3-17 三菱UFJ银行的财务报表（2020年3月，单位：10亿日元）

此外，除了通过存款筹集资金外，该银行还通过借来的钱和公司债券等筹集资金，因此，在负债侧，其他负债在负债总额中占比较大。

P/L收入方面，除资金运用收益外，手续费及佣金等收入与其他营业收入的比例也比较大。

除了银行将存款转为贷款的基本商业模式外，三菱UFJ银行这个大型银行的商业模式似乎是多元化的集资和运用方式。

柒银行的商业模式是怎样的

最后，我想谈一谈7&I HD的子公司柒银行的财务报表，从柒银行的财务报表中能够看出其商业模式与我们目前看到的两家公司有很大的不同，如图3-18所示。

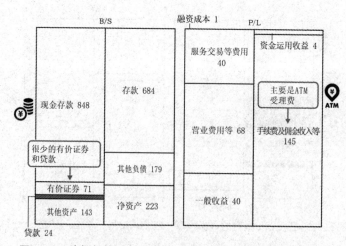

图3-18　柒银行的财务报表（2020年3月，单位：10亿日元）

首先，该银行只有240亿日元的贷款和710亿日元的有价证券，如果是普通银行，上述两项应该占B/S的资产侧的绝大部分比例。该银行的大部分资产是现金存款（8480亿日元），而该项产生的收益却很少。P/L资金运用收益只有40亿日元。

柒银行的盈利模式是什么？这个问题的答案在占P/L收益绝大部分的手续费及佣金等收入的详细内容中，柒银行的大部分手续费及佣金等收入是"ATM受理费"（1360亿日元）。

这是当用户通过柒银行ATM从另一家银行的账户跨行提取现金时，另一家银行向柒银行支付的费用。也就是说，用户在使用其他银行账户时所支付的费用的一部分被支付给了柒银行，这就是柒银行的收入。

由于ATM被安置在7-11便利店等吸引顾客的店铺中，并且店铺的许多用户都使用ATM，因此，这种商业模式才得以建立。此外，与普通银行（以资金运用收益为收入）不同的是，柒银行建立了一种以ATM使用费为收入的商业模式，因此才能够实现更高水平的利润率。

柒银行成功地建立了高利润的商业模式，但由于新冠疫情的影响，便利店的顾客数量减少，现金支付也相应减少，这对其而言是不利的。事实上，在2020年新冠疫情期间，柒银行ATM的使用次数相比去年出现持续的大幅下滑。

针对这种情况，柒银行正在努力获得新的收入来源，例如，扩大其海外汇款服务和在全球运营ATM等。

📊 对比要点

到目前为止，我们已经比较了大垣共立银行、三菱UFJ银行和柒银行这三家银行的财务报表和商业模式。

大垣共立银行和三菱UFJ银行保留了传统的银行商业模式，但在集资和运用方式上存在差异。相比之下，柒银行则建立了以ATM手续费收入为支柱的独特商业模式。

最后，我们用关键词来总结一下各个公司的特点，如表3-6所示。

表3-6　大垣共立银行、三菱UFJ银行和柒银行商业模式的特点

公司	商业模式的特点
大垣共立银行	本土化导向；地方银行型
三菱UFJ银行	资金筹措和运用方式多样化；城市银行型
柒银行	ATM使用费收入；流通类银行型

第4章 ●●

制造业的财务报表

图解财务报表所涉示例企业

任天堂 vs 第一三共株式会社 vs 丰田汽车公司

基恩士 vs 信越化学工业株式会社 vs 日本电产株式
会社

巴慕达 vs 雅萌 vs 双鸟

日本主要制造商的财务报表

即使同属制造业，财务报表也会因商业模式而有很大差异

作为第四章的第一个案例，我们来分析一下日本三大厂商任天堂、第一三共株式会社和丰田汽车公司的财务报表，如图4-1所示。

这三家公司都是大家比较熟悉的知名企业，任天堂是以Nintendo Switch为主要硬件产品的游戏厂商，第一三共株式会社是专注于新药的制药厂商，丰田汽车公司则是2020年全球销量第一的汽车企业。

我们在查看这些公司的财务报表时，必须考虑以下3点。

● 为什么任天堂拥有大量流动资产并且能无债务经营？

● 以新药为主的医药制造企业的财务报表的特点是什么？

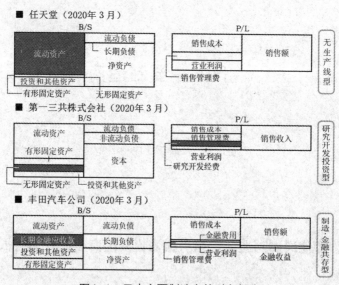

图4-1 日本主要制造商的财务报表

● 为什么丰田汽车公司有这么多的金融应收账款?

下面，就让我们来逐一分析。

为什么任天堂拥有大量流动资产并且能无债务经营

让我们从任天堂的财务报表开始看起，如图4-2所示，从B/S来看，任天堂的特点是流动资产非常大，有形固定资产很少，可忽略不计，净资产大，负债少。

与将在第四章中介绍的基恩士、巴慕达和雅萌一样，任天堂是一家外包制造的无生产线型企业。因此，资产中有形固定资产很少，可忽略不计。

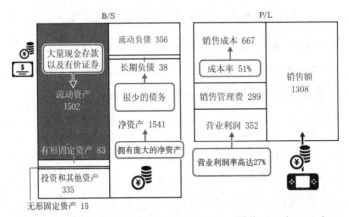

图4-2　任天堂的财务报表（2020年3月，单位：10亿日元）

从流动资产的内容来看，金额最大的是现金存款（8900亿日元），其次是有价证券（3260亿日元）。包括现金存款在内，该企业运营资产已突破12000亿日元。

此外，其资金来源是由17070亿日元的利润结转支撑的净资产，任天堂的自有资本比率一直维持在80%的极高水平。

换句话说，该企业将自己过去经营所得利润作为留存收益，并以运营资产的形式继续持有。

同时，任天堂的债务很少。因为银行借款等有息债务也不计入负债，所以任天堂是一家典型的无债务经营的企业。

从P/L来看，销售成本为6670亿日元，销售额为13080亿日元，任天堂的成本率为51%，在制造行业中处于较低水平。此外，反映该企业主营业务本身盈利能力的营业利润率处于27%的高水平。

任天堂可以说是一家有着极其坚固的财务基础的企业，其保留了Switch、Wii、DS等热门游戏机以及配套游戏软件所产生的巨额利润，将其作为现金存款与有价证券等运营资产持有。

从这些财务报表的特点可以看出，任天堂的财务立场是以安全为本。那么，为什么任天堂会如此追求安全性呢？

原因在于任天堂财务状况在过去表现出的波动性，本节中出现的2020年3月的销售额为13080亿日元，但其2016年3月的销售额才刚刚超过5000亿日元，不到上述金额的一半。继续向前追溯，在2009年6月，其销售额曾有望达到20000亿日元。销售额大幅波动的原因在于，DS和Wii等过去的游戏机型号大受欢迎，而其后继机型3DS和WiiU则表现不佳。

事实上，任天堂的业务绩效会因为是否存在热门产品而反复出现大幅波动。游戏行业的风险很高，如果创造出一款爆款商品，就会产生巨大的销售量和利润，而如果无法推出热门商品，便会导致企业的销售利润大幅下降。

为了承受住这样大幅的企业业绩波动，任天堂必须持有大量现金。此外，该企业采用了无生产线型的商业模式，这样它就不需要在销售额下降时处理剩余生产设备了。

因为身处游戏行业，商业风险极高，所以，任天堂的经营理念是尽可能避免财务风险。

以新药为主的医药制造企业的财务报表的特点是什么

接下来，我将解说第一三共株式会社的财务报表（见图4-3）。由于第一三共株式会社采用了IFRS，财务报表的结构与日本准则有所不同。

让我们从P/L开始来看一看第一三共株式会社2020年3月期的财务状况，该公司销售收入为9810亿日元，销售成本为3430亿日元，成本率处于35%的较低水平。以生产新药为主的制药企业可以申请专利，并在获得专利保护的前提下独家生产新药。药价高，成本率低，盈利能力高，这就是制药商专注于开发重磅药物的原因。

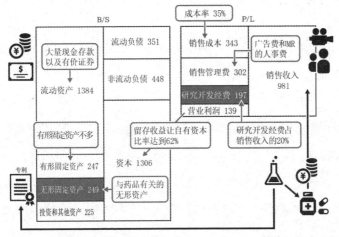

图4-3 第一三共株式会社的财务报表（2020年3月，单位：10亿日元）

另外，在日本，新药专利的有效期为自申请之日起约20年。当一种新药的专利到期时，市场上容易出现低价仿制药品（非专利药），因此当重磅药的专利到期时，制药商的盈利能力存在大幅下降的风险，看制药企业业绩时需要注意这一点。

研究与开发是制药企业制造新药的动力，第一三共株式会社的研究开发经费为1970亿日元。这意味着该企业有20%的销售收入都被用于研发，这是一个以生产新药为主的制药企业的标准水平。

通过大量研发费用投入开发的重磅药物实现高盈利是专注于新药的制药商的制胜法宝，第一三共株式会社的销售管理费包括大量的人事费用、广告费用和促销费用。可以推断，这包括在药店等处销售的非处方药的宣传广告费以及被称为MR的医院销售代表的人事费。

最终产生的利润会作为留存收益并积累在第一三共株式会社的净资产中，因此，第一三共株式会社的自有资本比率处于62%的高位。

在企业资产方面，留存收益作为现金存款以及金融资产等流动资产持有。

在固定资产（非流动资产）方面，有形固定资产为2470亿日元，无形固定资产为2490亿日元（实际B/S上的商誉和无形资产）。

制药企业不需要拥有大规模的生产设施，因此其有形固定资产的数量通常不会很多。

另外，无形固定资产主要记录与商誉、药品研发、营业权、商标权等相关的资产。在日本会计准则下，自主研发药物的研究开发经费基本不允许计入资产，但是，如果是IFRS，只要满足一定的条件，自主研发的药物研发费用也可以计入资产。

简而言之，由于第一三共株式会社采用了IFRS，部分用于研发的费用也作为资产计入了无形固定资产。

如上所述，第一三共株式会社的财务报表清楚地显示了一家原研制药商①的特征。

为什么丰田汽车公司有这么多的金融应收账款

最后，我们来看一看丰田汽车公司（以下简称丰田）的财务报表（见图4-4），需要注意的是，丰田采用的是美国通用会计准则。

丰田是在全球范围内都极具影响力的汽车制造商，在汽车销售过程中，贷款金额通常较大，会影响企业的财务报表，因此，在查看财务报表时，需要注意丰田既有汽车制造业的特点，也有金融业的特点。

从B/S看，有10.424万亿日元的"长期金融应收款"包含在该企业的资产中。此外，虽然图中没有明确显示，但有6.614万亿日

---

① 原研药，即过了专利期的、由原生产商生产的药品。原研制药商，即生产原研药的生产商。

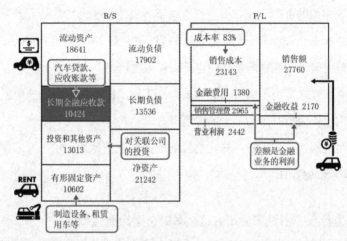

图4-4 丰田汽车公司的财务报表（2020年3月，单位：10亿日元）

元的金融应收账款包含在该企业的流动资产中，这些金融应收账款主要是与汽车销售时的贷款相关的零售性应收款和以经销商为对象的批发性应收款。其中，从地区来看，北美的金融应收账款在丰田汽车公司金融应收账款中占比过半。

为了在北美销售汽车，支持贷款是必不可少的举措，因此许多汽车制造商的财务报表中都记录有此类金融应收账款。

另外，丰田还持有大量有形固定资产（10.602万亿日元）与投资和其他资产（13.013万亿日元）。

与汽车制造相关的设备、建筑物和土地以及汽车租赁业务中的汽车租赁设备是该企业有形固定资产的核心内容，此外，投资和其他资产的金额代表丰田对其关联公司的投资规模。为了生产汽车，丰田与株式会社电装、日本爱信精机株式会社和丰田合成等附属分包商进行合作。毫不夸张地说，对上述公司的投资支撑了丰田的汽车生产，"投资和其他资产"与"有形固定资产"这两项是代表丰田汽车制造业务的资产。

从P/L看，该企业商品和产品的销售额为27.76万亿日元，而销售成本为23.143万亿日元（成本率为83%），这4.617万亿日元的差额可以看作是汽车制造业务所产生的利润。

该企业与金融业务相关的金融收益为2.17万亿日元，金融费用为1.38万亿日元，差额为0.79万亿日元（因四舍五入存在部分误差）。与所需资金相比，金融业务所产生的利润似乎很少，但是对于丰田而言，金融业务是不可或缺的。

综上所述，丰田的营业利润为2.442万亿日元，营业利润率［营业利润/（销售额+金融收益）］为8%。

📊 对比要点

在本节中，我们研究了日本三大领先制造商的财务报表。虽然它们同属制造业，但是无生产线型电子游戏业厂商任天堂、以专利新药为主的制药厂商第一三共株式会社、兼具汽车制造业和金融业两种身份的丰田的财务报表中所呈现出的数字大相径庭。

最后，我们用关键词来总结一下各个公司的商业模式的特点，如表4-1所示。

表4-1　任天堂、第一三共株式会社和丰田汽车公司商业模式的特点

公司	商业模式的特点
任天堂	游戏开发、追求低财务风险；无生产线型
第一三共株式会社	新药制造商；研究开发投资型
丰田汽车公司	汽车制造商、制造；金融共存型

阅读三个高利润B2B制造商的财务报表

这三家企业的财务报表之间有什么决定性的区别

在本节中，我将比较以高盈利能力而闻名的B2B制造商基恩士、信越化学工业株式会社和日本电产株式会社的财务报表，如图4-5所示。

基恩士是工业自动化（factory automation，简称FA）传感器和测量仪器的主要供应商，还以员工年薪高而闻名，其员工平均年收入超1800万日元（2020年3月期）。

信越化学工业株式会社是一家化学品制造商，拥有世界领先的氯乙烯树脂（聚氯乙烯）生产能力。

日本电产株式会社是汽车和工业用等各种电机的制造商，以通过成功的M&A实现高增长率而闻名。

在阅读和理解这些公司的财务报表时，必须考虑以下3点。

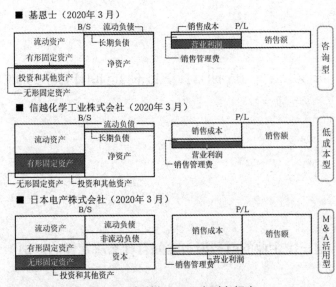

图4-5　高利润B2B厂商财务报表

- 利润结构与基恩士相似的"某行业"是什么？

- 为什么信越化学工业株式会社能够实现高盈利？

- "M&A大师"日本电产株式会社的无形固定资产大的原因是什么？

这些公司那么赚钱的原因是什么，我会在关注每家公司的商业模式的同时进行解说。

利润结构与基恩士相似的"某行业"是什么

首先，让我们看一下基恩士的财务报表（见图4-6）。

基恩士采用无生产线型的商业模式，并且没有自己的生产设

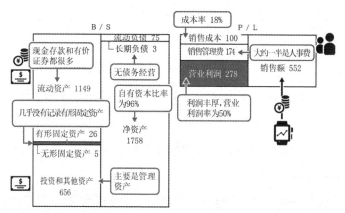

图4-6　基恩士的财务报表（2020年3月，单位：10亿日元）

施，因此，很少有有形固定资产在B/S的资产侧过账。

另外，该企业持有6470亿日元的投资有价证券，2020年3月期的有价证券报告书称，这些投资有价证券主要是信用评级较高的公社债，因此可以判断是用于中长期投资的资产。加上记为流动资产的现金存款和有价证券，基恩士的管理资产总额达15920亿日元。

基恩士自有资本比率为96%，是一家无债务经营企业，没有有息债务。考虑到其手头资金的持有度，可以说安全性极高。

再让我们一起来看一看P/L，销售额为5520亿日元，销售成本为1000亿日元，该公司的成本率仅为18%。

销售管理费（1740亿日元）与销售额的比率为32%，但人事费用（850亿日元）几乎占销售管理费的一半。此外，研究开发经费也达到了160亿日元。

综上所述，基恩士的营业利润率处于50%的极高水平。

像该企业一样，咨询公司也是人工成本占成本的绝大部分、利润率很高的行业。例如，提供M&A中介服务的日本M&A中心在2020年3月期的成本率为39%，销管费用率为16%，营业利润率高达45%。提供M&A咨询这种无形的服务似乎会让人觉得成本率很高，但是，其成本的绝大部分都是咨询所需的企业人力成本费用与M&A中介相关经费。

基恩士是工业自动化传感器和测量仪器的主要供应商，但实际上它可以被视为一家利用这些产品的咨询方案实现高附加值的公司。考虑到该企业采用了无生产线型的商业模式，我们最好将基恩士视为一家为工厂改进提供建议的具备策划和开发功能的咨询公司，而不仅仅是一家制造商。

从财务的角度来看，基恩士拥有极其稳健的财务结构，该企业拥有极其大量的现金，实行无债务经营并且具备高盈利能力。另外，鉴于基恩士的财务结构，股东提出，"希望增强股东回报"。

当然，如果该企业把这部分手头的现金作为投资资产，股东希望资产以分红的形式将其返还给股东也并非没有道理。事实上，截至2019年3月期，基恩士的非合并股利分配[①]（每股股息金额/每股当期净利润）低至10%左右，2020年3月期曾上升至约20%，但是，

---

① 指企业向股东分派的股利。

从手头资金持有度来看，该数值仍未达到理想状态。可以说，对于未来手头资金的处理方式，基恩士需要提供充分的说明。

为什么信越化学工业株式会社能够实现高盈利

接下来，我们来看一看信越化学工业株式会社的财务报表（见图4-7）。

信越化学工业株式会社是化学制造企业，属于设备密集型产业，预计会有大量有形固定资产入账。事实上，从B/S的资产侧来看，的确记录有11200亿日元的有形固定资产。大部分有形固定资产是生产氯乙烯树脂、半导体硅、功能化学品等化学品的工厂的建筑、设备等。这些工厂分布在世界各地，包括日本、美国以及欧洲各国。

而且，信越化学工业株式会社还持有大量现金（8360亿日元）和有价证券（2510亿日元），因此，资产中记录的最大金额是流动资产（18250亿日元）。

考虑到B/S负债和资产侧的净资产持有度，可以认为其过去所获得的利润的留存收益是以现金和有价证券的形式持有的。另外，有息负债也不是完全为零，而是手头现金大大超过了有息负债，可以说该企业本质上已经做到了无负债经营。

从P/L来看，销售额为15440亿日元，销售成本为9880亿日元，成本率为64%。B2B企业通常成本率较高，化工厂家成本率超过70%的情况并不少见，但是，相比之下，信越化学工业株式会社却

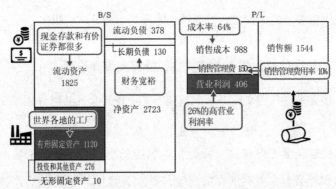

图4-7 信越化学工业株式会社的财务报表（2020年3月，单位：10亿日元）

将成本率控制在了较低水平。

信越化学工业株式会社的许多产品在全球市场的占有率均位于世界前列，对于这些产品组，该企业能够通过自己的技术能力确保其较高的市场份额，同时保持较低的原材料价格，从而降低成本率。

此外，销售管理费（1500亿日元）占销售额的10%。对于B2B企业而言，因为不需要花费广告费用与大额运营成本，所以销售管理费占销售额的比例普遍较低。其中，信越化学工业株式会社的销管费用率也处于较低水平，其技术能力、压倒性的市场占有率、低成本经营对此可能也有积极的影响。

由于成本率和销管费用率都处于较低水平，信越化学工业株式会社的营业利润率高达26%。

"M&A大师"日本电产株式会社的无形固定资产大的原因是什么

如图4-8所示，日本电产株式会社财务报表的一个特点是，除了有形固定资产（6330亿日元）外，B/S资产侧还记录有无形固定资产（商誉和无形固定资产，实际B/S上为4950亿日元）。

日本电产株式会社是一家生产小型精密电机以及汽车、家用电器和工业用电机的制造商，因此在日本和海外工厂的机械、建筑物和土地会被记录为有形固定资产。

商誉（3560亿日元）占日本电产株式会社无形固定资产的大部

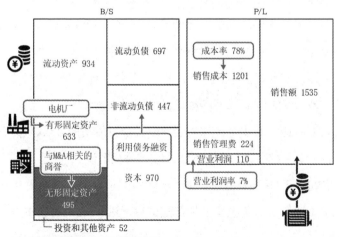

注：销售管理费包括研发费用（790亿日元）

图4-8　日本电产株式会社的财务报表（2020年3月，单位：10亿日元）

分，这种商誉是日本电产株式会社作为其增长战略的一部分而进行的M&A的结果。自20世纪90年代中期以来，作为实现经营战略的手段，日本电产株式会社一直在进行M&A，成功案例已有60余个。

对于日本电产株式会社，我将短期借款和长期债务等有息债务记录在了B/S右侧。日本电产株式会社与基恩士和信越化学工业株式会社的不同之处在于，它会通过有息债务筹集经营所需的资金，而不是坚持无债务经营。尽管如此，日本电产株式会社的自有资本比率也达到了46%，这一数字让企业并不存在安全问题。

从P/L看，销售成本为12010亿日元，销售额为15350亿日元，成本率为78%。同为电机制造商的万宝至的成本率（2020年12月期）为70%，但这是该公司将产品标准化并压制成本率的结果。日本电产株式会社为客户定制产品，因此成本率高于万宝至。但是，以汽车电机为主要产品的三叶的成本率（2020年3月期）为87%，与其相比，日本电产株式会社的成本率可以说是比较低的。

最终，该企业将包括研发费用在内的销售管理费保持在2240亿日元（销售额的15%），并确保营业利润率为7%。

如上所述，日本电产株式会社以其众多成功的M&A案例而闻名。接下来，我会就该企业M&A的要点做出解说。

在2017年4月26日的《日本经济新闻》早刊中，刊载着永守重信先生（现任公司董事长）所陈述的以下进行M&A时的重点（见图4-9）。

第一是"不高估"，总之，要以适当的价格进行M&A。如果

M&A的成败取决于M&A后的企业价值是否高于M&A时的收购价格，那么收购价格越高，M&A成功的概率就越低。因此，永守先生从不以高价进行M&A。

第二是积极参与M&A对象的经营，重建经营业绩。日本电产株式会社的M&A因救助型并购多而闻名。上面提到的《日本经济新闻》的文章中称，永守先生表示："工厂车间脏、员工教育差的公司，只要重新审视管理，就能获利。"通过彻底应用日本电产株式会社的方法，不少存在此类经营问题的公司都已成功盈利。

第三是协同效应的发挥，日本电产株式会社会将自己的电机技术与M&A对象的技术相结合，创建模块，着力扩大家用电器和汽车等领域的需求。

1．不高估（以适当的价格购买）
2．积极参与M&A对象的经营和重建
3．发挥协同效应（两事物相互影响而产生的增强作用）

图4-9　永守重信先生在M&A中强调的要点

由于这些针对M&A做出的努力，日本电产株式会社的销售额已超过15000亿日元。

📊 对比要点

在本节中，我们研究了以高盈利能力而闻名的B2B制造商的财务报表。

基恩士通过咨询增加价值并因此而实现了高利润率，而信越化学工业株式会社则是通过彻底实施低成本经营实现高利润率的案例。从财务角度看，信越化学工业株式会社几乎没有债务，而基恩士则处于无债务经营的状态。

另外，日本电产株式会社则是将M&A作为实现战略的手段之一。通过多次M&A，日本电产株式会社的财务报表以B/S中计有大量商誉为特征。此外，与信越化学工业株式会社和基恩士不同，日本电产株式会社还会使用有息债务筹集资金。

我们可以看到，即使B2B制造商的盈利能力都很高，但是每个企业经营战略和商业模式的差异对财务报表的影响也很大，如表4-2所示。

表4-2 基恩士、信越化学工业株式会社和日本电产株式会社商业模式的特点

公司	商业模式的特点
基恩士	无债务经营；咨询型
信越化学工业株式会社	财务宽裕；低成本经营型
日本电产株式会社	并用有息债务；M&A活用型

个性派家电制造商的商业模式和财务报表

无生产线是家电制造商的最佳解决方案吗

　　本节我们比较一下巴慕达、雅萌、双鸟这三家家电厂商的财务报表（见图4-10），巴慕达是一家高端家电制造商，2020年12月在东京证券交易所玛札兹市场上市。2021年5月，巴慕达因宣布进军智能手机业务而备受关注。雅萌主要开发和销售美颜器具等美容家电，双鸟则以制造和销售通常被称为"通用家用电器"的低价家电而闻名。

　　三大企业在不同于各大家电厂商的立场上磨炼了自己的优势，但是，在财务报表方面又会表现出怎样的差异呢？

　　在阅读和理解这些公司的财务报表时，需要了解以下3点。

　　● 巴慕达能保持高利益率的原因是什么？

　　● 雅萌与化妆品厂商有什么共同点？

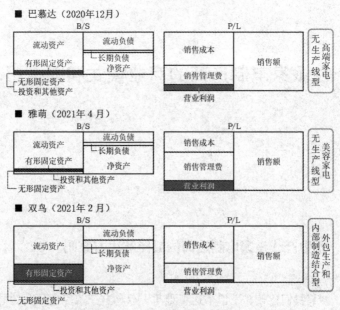

图4-10 个性派家电制造商的财务报表

● 双鸟的特点和课题是什么？

现在，让我们比较一下P/L和B/S，我也会解说各个公司商业模式的特点。

巴慕达能保持高利益率的原因是什么

巴慕达是一家高端家电制造公司，由担任董事长的寺尾玄创立。寺尾先生高中辍学，环游世界，从事音乐工作后，于2003年创立了巴慕达设计（巴慕达的前身），是一位与众不同的企业家与经营者。

寺尾先生的第一个作品是个人电脑散热支架X-Base，之后，他又开发了高端台灯Highwire和Airline，受到好评。

然而，此后由于次贷危机①，经营状况恶化。最终再现自然界之风的风扇GreenFan成为该企业起死回生的一大武器，之后，爆款产品烤面包机BALMUDA the toaster也于2015年发售。虽然这款烤面包机的售价约为2.5万日元，远高于普通烤面包机，但由于能够做出美味吐司，其累计销量达到100万台，可见其受欢迎程度。

让我们看一下巴慕达的财务报表（见图4-11），巴慕达B/S的一个特点是没有太多有形固定资产。制造商通常需要工厂等生产设施，因此财务报表中会记录较多有形固定资产，那么，为什么巴慕达的有形固定资产这么少呢？

原因在于他们的商业模式（见图4-12），巴慕达从事产品的设计、图案制作、开发和销售，产品的实际制造由国内外制造承包商进行。巴慕达是一家没有量产工厂的无生产线企业。在本书中，我介绍了FR、任天堂和基恩士等无生产线企业，但除此之外，研发Roomba等机器人吸尘器的美国iRobot公司也作为无生产线企业而闻名。

巴慕达P/L的重点是高利润率，其营业利润率为10%，大大超过了家用电器制造商6%的平均水平，其高利润率的秘诀在于巴慕

---

① 2008年，美国第四大投资银行雷曼兄弟由于投资失利，在谈判收购失败后宣布申请破产保护，引发了全球金融海啸。

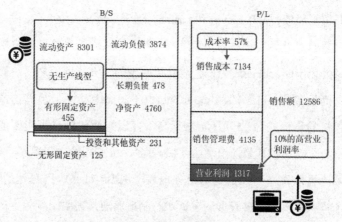

图4-11 巴慕达的财务报表（2020年12月，单位：百万日元）

注：作者根据巴慕达的"增长潜力说明材料"（2020年12月）制作

图4-12 巴慕达的商业模式

达独特的定价和开发销售方式。

根据对寺尾先生的采访，我们可以了解到，所有巴慕达产品都是按照寺尾先生自己的"感觉"来定价的。关于这一点，寺尾先生表示，"重要的是我们能否在社会意义上对其进行'定价'"。巴慕达的产品单价普遍偏高，但似乎是寺尾先生的感觉决定了价格和价值是否平衡。

而体现产品理念的是公司打造的创意设计团队，创意设计团队会根据作为产品原型的"原理试制品"进行精密加工（图案制作与设计），并在验证各种风险后将其投入量产。

此外，该企业还会设计展示自己的产品，讲述产品背后的故事，以提高产品的品牌影响力。基本上，该企业不允许产品变化，他们会通过产品标准化并以固定价格销售来保持企业的高利润率。

这种销售方式之所以可行，是因为顾客对巴慕达产品的设计和功能评价很高，其品牌力处于高水平，因此，巴慕达的成本率一直保持在57%的低水平。

雅萌与化妆品厂商有什么共同点

接下来，我们来看一看雅萌。雅萌成立于1978年，原本属于进口批发业，主要进口和销售半导体检查设备和用于美容院的美容保健设备，是主要经营美颜器具等美容家电的制造商。该公司于2012年在东京证券交易所第一部成功上市，并于2020年10月与化妆品制造商资生堂合资成立了一家抗老护理公司。

如图4-13所示，雅萌的B/S没有记录太多有形固定资产，由此可以推断，雅萌也和巴慕达一样，是一家无生产线企业。

其实从图4-14中就可以看出，该公司主要从事策划、设计、开发、销售业务，而负责生产产品的是分包厂。其商业模式与巴慕达类似，经营资源不会分配到生产过程中，而是集中在产品策划、设

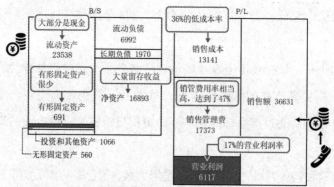

注：销售成本的计算考虑了退货调整准备金

图4-13 雅萌的财务报表（2021年4月，单位：百万日元）

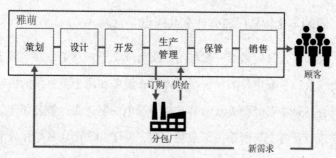

注：作者根据雅萌"中期经营计划说明材料"（2020年11月）制作

图4-14 雅萌的商业模式

计、开发与销售上。

此外，由于记录了大量的利润转结，在B/S的右侧，净资产占了大部分，这也反映了该企业过去的良好表现。左侧的流动资产大部分为现金存款，记录金额为129.58亿日元。可以看到，过去所获得的利润已经以现金存款的形式成为留存收益。

雅萌P/L的结构与巴慕达有很大不同。雅萌的成本率为36%，甚至低于巴慕达的57%。销管费用率为47%，远高于巴慕达的33%。最终，该企业实现了17%的高利润率。在财务业绩良好的背景下，新冠疫情导致在家中进行美容护理的消费者增加，因此雅萌产品的销售量也有所增加。

成本结构与雅萌相似的代表性行业是化妆品制造商，例如，高丝（2021年3月期）的成本率为28%，销管费用率为68%。虽然制造成本低，但用于树立产品品牌形象的营销费用和销售所需的人事费都很高。因此，化妆品企业的成本结构往往是成本率低、销管费用率高（然而，新冠疫情使销售额有所下降，高丝68%的销管费用率略高于正常时期）。

可以说，雅萌和高丝的成本结构也有共同点。

如图4-15所示，从雅萌和高丝的销售管理费主要构成对比可以看出，雅萌的销售管理费中，宣传广告费占比接近60%，是最高的一项费用开支，而高丝在促销费和人员费用上的支出更多，但是，两家企业为构筑品牌形象而大量投入销售管理费的费用结构可以说是共通的。

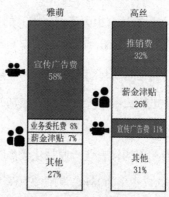

注：雅萌为2021年4月期数据，高丝为2021年3月期数据

图4-15　销售管理费的主要构成

双鸟的特点和课题是什么

最后我们来看一看双鸟的财务报表（见图4-16），与我们看到的上述两家公司不同，双鸟的B/S中记录了38.62亿日元的有形固定资产，其中大部分源自位于日本新潟县燕市的总公司工厂（22.44亿日元）。双鸟约80%的产品都外包给了中国等海外工厂，但也会在总公司工厂生产产品，双鸟可以说是外包生产和内部制造相结合的企业。

此外，从P/L结构来看，成本率为66%，销管费用率为29%，营业利润率为5%。2020年2月期的营业利润率约为1.5%，因此利润率正在改善，但这主要是由于用于新冠病毒疫苗运输和储存的冷藏箱的销售额增加。

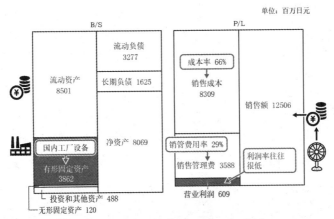

单位：百万日元

图4-16 双鸟的财务报表（2021年2月）

双鸟生产和销售的主要产品是被称为"通用家用电器"的低价家电和目录礼品等产品，因此，成本率趋于高位，此外，其面向主要销售渠道之一的家电大众零售商开展经营活动的成本也比较高，所以，正常时期的利润率趋于低位，这一点可以说是双鸟所面临的困境。

为了应对这种情况，以全自动咖啡机等可接受性高的产品为代表，双鸟扩充了高端产品种类，其中包括利用总公司工厂（燕三条地区）的技术开发的风扇和IH（感应加热）烹饪加热器等更高一级的产品，试图提高产品的单价。此外，该企业还为以中国为核心的亚洲市场开发日本制造的美容家电。未来我们有必要密切关注双鸟的表现，看一看该企业的这些努力是否会开花结果。

📈 对比要点

在本节中，我们研究了巴慕达、雅萌和双鸟这三家公司的财务报表与商业模式之间的关系，三家公司商业模式的特点如表4-3所示。

与巴慕达和雅萌这种采用无生产线模式，专注于产品设计、开发与销售等业务的企业相比，双鸟采用外包生产和内部制造结合的方式，在商业模式上存在差异。

在电子行业，有一个名词叫"微笑曲线"，可以用来说明上游研究开发和下游维修的附加值高且盈利能力强，而中游设备装配业务附加值低、盈利能力弱的产业结构特征。

巴慕达和雅萌可以说是一种专注于这条微笑曲线的高附加值部分、提升产品品牌力的商业模式。另外，致力于中游业务的双鸟的利润率相对较低，我们可以看一看该公司之后能否通过宣传"日本制造"来提高其产品的品牌价值。

表4-3　巴慕达、雅萌和双鸟商业模式的特点

公司	商业模式的特点
巴慕达	高端家电；无生产线型
雅萌	美容家电；无生产线型
双鸟	通用家用电器；外包生产和内部制造结合型

GAFA与竞争对手的财务报表

图解财务报表所涉示例企业

Google vs Facebook vs Zoom

Amazon vs ZOZO vs 乐天株式会社

Apple vs 索尼

Netflix vs Spotify

阅读美国领先IT企业的财务报表

IT巨头的商业模式与财务报表之间的关联性

在第五章中，我们将阅读和理解Google、Facebook和Zoom的财务报表，如图5-1所示。

Google是知名的IT巨头，是控股公司Alphabet旗下子公司，业务包括搜索引擎Google、Chrome浏览器、YouTube等，范围广泛，已成为一家跨国企业集团。自21世纪10年代以来，该企业通过M&A实现的业务多元化取得了显著进展。

Facebook是拥有全球领先的活跃用户数量的社交网站，还提供Facebook Messenger等服务。近年来，该企业还通过大规模M&A收购了Instagram、WhatsApp等公司。

Zoom（Zoom Video Communications）是一家在疫情期间取得强劲增长的企业。该企业提供一种名为Zoom的Web会议服务，不仅

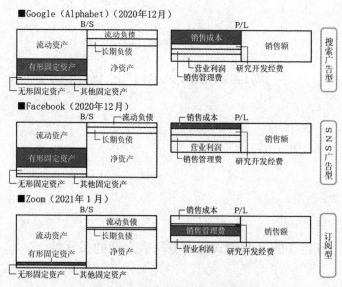

图5-1　美国IT企业的财务报表

广泛用于商业领域，还供教育机构和个人使用。

我们将从以下3点来看这些公司的财务报表，现在就来逐一解说。

● 为什么Google的有形固定资产和销售成本很大？

● Facebook为何能够实现高利润率？

● Zoom的流动负债、销售管理费、研发费用和商业模式之间是什么关系？

为什么Google的有形固定资产和销售成本很大

让我们看一下Google母公司Alphabet（以下简称Google）的财务报表（见图5-2）。

首先，B/S上最大的项目是流动资产（1740亿美元）。其中，现金和有价证券占1370亿美元。按2020年12月底的汇率换算成日元，结果略低于15万亿日元，身为IT巨头的Google的手头现金与之地位相差悬殊。

其次是包括经营租赁资产在内的有形固定资产（970亿美元）。Google在世界各地的数据中心运行着大量服务器，可以推断，Google的有形固定资产之所以大，是因为此类数据中心的土地和建筑物、服务器与网络设备均记入了该有形固定资产。

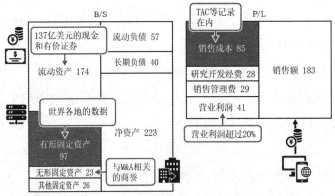

图5-2　Google的财务报表（2020年12月，单位：10亿美元）

Google做了很多M&A，因此，商誉（210亿美元）在无形固定资产中占比很大。

接下来，我们来看一看P/L。

该企业销售额为1830亿美元，销售成本为850亿美元，成本率为46%，那么Google的销售成本是什么？

Google的年报称，330亿美元的销售成本是流量获取成本（TAC，traffic acquisition costs）。

这是为获取在线流量和用户，针对智能手机制造商、浏览器厂商等客户引流支付的成本。Google是一家业务种类繁多的企业集团，但在1830亿美元的销售额中，广告收入占了1470亿美元，是最大的收入来源。因为这些广告需要获取用户，所以该企业花费了大量的TAC。关于TAC，为了让Google成为Apple产品的标准搜索引擎，他们花费了大量的资金。

此外，由于运营数据中心的成本和各种内容的获取，Google的销售成本很大。

扣除用于开发各种产品和服务的研发费（280亿美元）和销售管理费（290亿美元）后，营业利润为410亿美元。营业利润率超过20%，被认为处于足够高的水平。

Facebook为何能够实现高利润率

我将在这里讨论的Facebook的利润率高于Google（B/S和 P/L比例图见图5-3）。

一方面，Facebook的B/S具有与Google相似的特点。该企业拥有大量现金和有价证券（620亿美元）、大规模的有形固定资产（550亿美元）以及M&A带来的商誉（190亿美元）。可以看到，Google和Facebook都拥有大量的数据中心，同时还会频繁利用M&A获取大量留存收益。

另一方面，两家企业P/L的特点是不同的。最大的区别可以说是销售成本，Google的成本率是46%，而Facebook的成本率不到20%。因此，Facebook实现了38%的极高营业利润率。

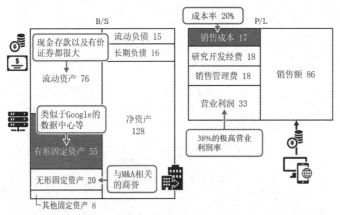

图5-3 Facebook的财务报表（2020年12月，单位：10亿美元）

Facebook成本率低的原因是什么？Facebook和Google一样，都是基于广告收入的商业模式。在Facebook的总收入（860亿美元）中，仅广告营收就有840亿美元（98%）。

Facebook的优势之一是其用户的个人信息，Facebook可以通过自己的服务（SNS）获取用户的资料、生活方式和交友关系等信息。

通过获取的个人信息，该企业可以向用户发送匹配度高的广告。匹配度高的广告可以获得很高的广告单价，而且从投放广告的角度来看，匹配度高的广告对媒体很有吸引力，所以广告量也会增加。因此，该企业能够在2022年12月期达到21%的广告收入同比增长率，从而实现高利润率。

Zoom的流动负债、销售管理费、研发费用和商业模式之间是什么关系

最后，我们来看一看Zoom的财务报表，如图5-4所示。

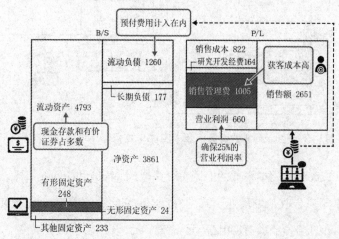

图5-4　Zoom的财务报表（2021年1月，单位：百万美元）

流动资产（47.93亿美元）在Zoom的B/S资产中占比最大，其中，现金和有价证券总额为42.45亿美元。

计算机和软件等均被记录为有形固定资产，但该企业的有形固定资产比Google和Facebook少得多。

同时，在B/S右侧，流动负债记录为12.6亿美元。流动负债中最大的一项是预收收益（8.58亿美元），费用结构是Zoom的预收收益如此之大的原因所在。

Zoom会员有免费会员与付费会员两种类型，免费会员也可以享受Zoom的服务，但要想使用所有功能，必须成为付费会员。也就是说，Zoom的商业模式是所谓的免费增值型模式，基本服务是免费的，完整的服务是有偿提供的。

此外，它也是一种订阅型商业模式，付费会员需每月支付固定费用，通常会提前支付1年。这些预收账款会作为Zoom的预收收益记录在流动负债中。

由于预付款会提前入账，如果付费会员数量增加，销售额也会增加，从而就会出现大量现金流入的情况。可以推断，除了丰厚的留存收益，预付款也会让该公司的手头储备有大量的现金。

让我们再一起来看一看P/L，销售额为26.51亿美元，销售成本为8.22亿美元，成本率为31%。这个销售成本包括提供服务所需的数据中心和第三方云相关的费用。根据Zoom的年报，未来成本的绝对金额会随着服务规模的扩大而增加，但成本率可能会下降。

Zoom的P/L费用的一个显著特点是销售管理费高达10.05亿美

元，而销管费用率也高达38%。

这些销售管理费中的大部分都是销售和营销费用（6.85亿美元），其中包括营销部门人员成本、广告和促销活动费，以及支付给分销商的客户获取成本等。

由于Zoom是一种基于订阅的商业模式，增加付费会员的数量会带来收入。此外，一旦成为付费会员，只要会员不放弃享受Zoom的服务，就可以连续产生收入，这就是Zoom在销售和营销上花费如此多的钱来获取客户的原因。

根据年报，预计销售和营销费用的绝对值和占销售额的百分比都将增加。为获取更多客户，Zoom计划加大对销售和营销的投入，预计未来销管费用率水平会继续提升。

尽管如此，由于Zoom的研发成本比率（研究开发经费/销售额）低至6%，该企业仍确保了25%的营业利润率。正常情况下，初创IT企业的研发费用往往很大，但Zoom开发基地的中心在中国，因此，研发费用才会很低。但是，Zoom今后还将加大对安全强化等研究开发领域的投资，预计未来研发经费投入的绝对金额和比例都将明显提升。

对比要点

在本节中，我们查看了美国领先的IT企业 Google、Facebook和Zoom的财务报表。Google和Facebook都是广告型商业模式，Zoom采用的是订阅型商业模式，不同的商业模式造成了P/L成本结构和B/S流动负债的差异。

此外，Facebook的优势是利用SNS上的个人信息向用户推送匹配度高的广告，该企业也因此而成功提高了盈利能力。

最后，我们用关键词来总结一下各个企业的商业模式的特点，如表5-1所示。

表5-1 Google、Facebook和Zoom商业模式的特点

公司	商业模式的特点
Google	跨国企业集团、搜索引擎；广告型
Facebook	SNS；广告型
Zoom	免费增值；订阅型

EC企业的商业模式区别

金融业务的有无对B/S的规模影响很大

在本节中，让我们比较一下Amazon、ZOZO和乐天株式会社这三个EC企业。

Amazon是全球最受欢迎的在线购物企业，ZOZO是一家在ZOZOTOWN等网站上开展时尚商品邮购业务的企业，而乐天株式会社是一家运营互联网商城乐天市场等EC平台的企业。

如图5-5所示，在研究这些公司的财务报表时，要注意3点。

● 支撑Amazon"持有型经营"的资金来源是什么？

● 商城型EC业务的特点是什么，以及分析时要注意的要点有哪些？

● 乐天株式会社的业务类型是什么？

现在就让我来逐一解说。

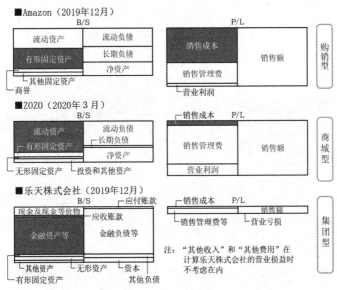

图5-5　EC企业的财务报表

支撑Amazon "持有型经营" 的资金来源是什么

让我们看一下Amazon的财务报表，如图5-6所示。

Amazon的B/S的特点是拥有很多有形固定资产，这与本节讨论的ZOZO和乐天株式会社不同，其有形固定资产金额达980亿美元（包括租赁资产）。

为了猜测有形固定资产的具体分类明细，让我们通过查看Amazon每个业务的销售额来了解其业务概况，如图5-7所示。

与网上店铺和集市相关的销售额被记录为在线购物业务的销售

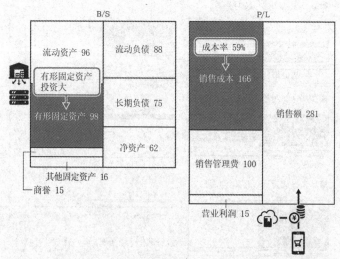

图5-6 Amazon的财务报表（2019年12月，单位：10亿美元）

图5-7 Amazon销售明细（2019年12月）

额，与集市相关的销售包括佣金和与物流相关的服务等收入。

Amazon以拥有大型物流仓库而闻名，可以推断，这些物流相关设施的有形固定资产被记录在了B/S中。

实体店铺销售额占6%。2017年，Amazon收购了主营天然食品的连锁超市Whole Foods并开始在实体店铺开展销售，B/S也包含这些实体店铺的有形固定资产。

在这里，我希望大家能够关注另一方面的销售额，即AWS（Amazon Wel Serices，亚马逊Web服务）。这是通过云提供Amazon拥有的计算机资源的服务，虽然仅占销售额的12%，但该服务仍然为企业带来了90亿美元的营业利润。Amazon的合并营业利润为150亿美元，由AWS带来的营业利润占其大部分比例。

B/S上与AWS相关的资产为370亿美元，因此，可以推测AWS使用的系统相关资产也被记入了有形固定资产。

Amazon的现金流经营支持着这些巨额投资，此外，该企业还以将FCF设置为KPI而闻名。

在其强大的交涉能力的背景下，Amazon创建了一种机制，通过延迟向商品供应商付款的时间，在支付采购费用之前收取销售收入。Amazon礼品券和Amazon Prime等预付费订阅服务也为其创造了现金回旋余地。

Amazon将以这种方式创造的现金用于各种投资，以加速增长，可以说现金流经营支撑着Amazon的"持有型经营"。

最后，有关P/L，我还要补充一点。Amazon的销售额为2810亿美元，销售成本为1660亿美元，成本率为59%。

尽管AWS和集市的销售额和成本率略低于普通零售业务，但销售成本如此之高体现了Amazon在网上店铺和实体店铺的经营中采用了将商品采购入库后销售的商业模式，即所谓的"购销型"模式。

商城型EC业务的特点是什么，以及分析时要注意的要点有哪些

接下来，我将就经营有ZOZOTOWN等网站的ZOZO的财务报表（见图5-8）进行解说。

在ZOZO的B/S上查看资产时，首先引人关注的是其流动资产规模很大，700亿日元的流动资产主要包括340亿日元的现金存款以及320亿日元的应收账款，如果像Amazon一样采用购销型商业模式，应记录的库存资产仅为17.7亿日元。

此外，P/L的销售额为1260亿日元，而销售成本仅为120亿日元，成本率只有10%。

ZOZO无库存且成本率低的原因，在于其商业模式。ZOZO的有价证券报告书显示，其主要业务ZOZOTOWN是寄售形态，即将服装制造商的商品作为寄售库存，因此ZOZO不承担库存风险，销售佣金就是ZOZO的收入。

如果通过图表的方式形象解析此商业模式，则如图5-9所示。

ZOZO接受服装制造商的商品库存，该商品库存虽然存储在

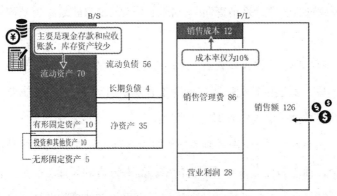

注：作者在估算销售成本时考虑了退货调整津贴

图5-8　ZOZO的财务报表（2020年3月，单位：10亿美元）

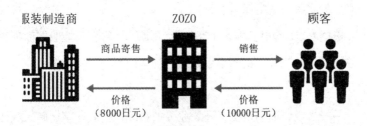

图5-9　ZOZO商业模式

ZOZO的物流仓库中，但是归服装制造商所有，因此，未作为库存资产计入ZOZO的B/S。

ZOZO的销售额是客户支付的价格（图中数字为10000日元）

和该企业支付给服装制造商的价格（8000日元）之间的差额，由于ZOZO的销售额只是销售佣金，因此不会记录与商品存货采购有关的成本。

ZOZO运营的仅仅是互联网上一个名为ZOZOTOWN的平台。在那里，服装制造商以租户的身份开店，可以说，ZOZO主要运营的是商城型（购物中心型）EC网站。

在对ZOZO公司进行财务分析时，要注意记录为销售的是销售佣金，而不是商品本身的销售价格。财务分析的指标之一是应收账款周转期，这是应收账款金额除以每日平均营业额的结果，表示从出售商品到收款的时间。如果销售应收账款周转天数延长，可能将难以收回应收账款，因此这一般被认为是管理层应在经营过程中给予充分关注的一项指标。

根据ZOZO的财务报表（2020年3月期）计算销售应收账款周转天数，结果为92天（由于小数误差，计算结果与实际数据不完全匹配）。

一般来说，面向消费者开展业务的企业，应收账款周转天数往往较短。比如，百货公司一般的销售应收账款周转天数是20~30天，所以你可能会认为ZOZO的应收账款回收速度过慢。不过，ZOZO的P/L上的销售额只是销售佣金，如果想分析ZOZO的业务实际情况，则需要根据所售商品的价格（商品营业额）计算应收账款周转天数。事实上，如果按照商品营业额来计算其销售应收账款周转天数，结果是33天（由于小数误差，此计算结果与实际数据也不完全匹配）。因此，在全面了解前，还是不要妄下结论为好。

导致该企业应收账款回收周期比普通零售商稍长的原因可能是ZOZO的"延期付款"服务等，该服务允许客户达到一定消费金额后延期付款。

此外，其营业利润率以P/L销售额计算时为22%，但以商品营业额计算时为8%。

在对像ZOZO这样的公司进行财务分析时，我们必须注意以上几点。

乐天株式会社的业务类型是什么

最后，让我们看一看乐天株式会社的财务报表，如图5-10所示。

乐天株式会社B/S的最大特点是金融资产和金融负债占了绝大部分，这些均为与乐天证券、乐天卡和乐天银行等金融业务相关的资产和负债。

乐天株式会社的创始业务"乐天市场"是与ZOZO同为商城型经营模式的EC网站，但是该企业分别于2003年11月、2004年9月、2009年2月、2012年10月收购了DLJ direct SFG证券（现乐天证券）、AOZORA卡（现乐天卡）、E银行（现乐天银行）、AIRIO生命保险（现乐天生命保险）。扩大金融业务后，乐天株式会社的3/S呈现出了金融公司的特征。

从各业务部门的销售额来看，其金融业务的权重正在增加。如

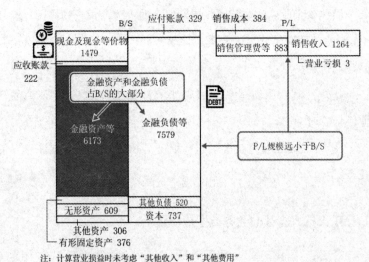

注：计算营业损益时未考虑"其他收入"和"其他费用"

图5-10 乐天株式会社的财务报表（2019年12月，单位：10亿日元）

图5-11 乐天株式会社收入明细（2019年12月）

图5-11所示，2019年12月期，互联网服务占销售额的57%，而金融科技占35%。

此外，如第一章所述，乐天株式会社目前正专注于移动业务（乐天移动），因此预计未来移动业务的比例会增加。乐天株式会社不再是一家单纯从事商城型EC业务的公司，从商业模式来看，该企业已发展成为一个以移动通信等金融业务为主业、涉及诸多领域的企业集团。

P/L方面，其销售收入为12640亿日元。由于很多钱都投资在了金融业务上，因此其规模远低于B/S，这种情况类似于第二章介绍的丸井和第三章介绍的银行的财务报表。

此外，在乐天株式会社的原始P/L中，销售成本和销售管理费并没有单独显示，但在这里我将"与提供商品和服务相关的成本"作为销售成本，将除此之外的其他费用作为"销售管理费等"进行了图解。请注意，营业损益的计算不包括"其他收入"和"其他费用"，因此与乐天株式会社披露的营业利润金额不同。

📈 **对比要点**

这一次，我们看了三个EC企业的财务报表，以购销型EC业务为核心推进"持有型经营"的Amazon、主要经营商城型EC站点的ZOZO、从商城型站点运营向金融业务与移动通信业务进行业务领域拓展的乐天株式会社的商业模式特征分别在各自的财务报表中得到了体现。

最后，我们用关键词来总结一下各个公司的商业模式的特点，如表5-2所示。

表5-2 Amazon、ZOZO和乐天株式会社商业模式的特点

公司	商业模式的特点
Amazon	持有型经营、现金流经营；购销型
ZOZO	委托销售；商城型
乐天株式会社	商城型→集团型

数字设备企业财务报表的变化

了解商业模式随时间的变化

在本节中，我将分析Apple和索尼（现索尼集团）的财务报表，如图5-12所示。

Apple和索尼都是跨国企业，业务遍及全球，但Apple的主要业务领域是iPhone、iPad和Mac等数字产品及其配套软件和服务，而索尼是一家经营范围不仅限于电子产品的企业集团，其业务还包括游戏、电影、音乐等娱乐和金融等领域。

接下来，我将就关于这些公司财务报表的4个问题做出解说。

● Apple的财务报表有哪些特点？

● Apple的财务报表在10年间发生了哪些变化？

● 索尼的财务报表有哪些特点？

● 索尼的财务报表在10年间发生了哪些变化？

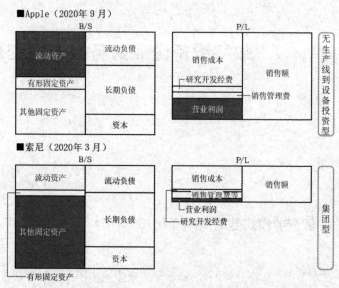

图5-12　数字设备企业的财务报表

首先，我将通过Apple和索尼目前的财务报表把握两家公司各自的特点。之后，让我们对比一下Apple和索尼2010年和2020年的财务报表，解读两家公司的商业模式是如何变化的。

Apple的财务报表有哪些特点

让我们从Apple的财务报表（见图5-13）开始看起，B/S的资产侧显示有1440亿美元的流动资产。Apple的大部分流动资产是现金和现金等价物（380亿美元）与以买卖为目的的的有价证券（530亿美元），其余几乎都是营业系统的应收账款。

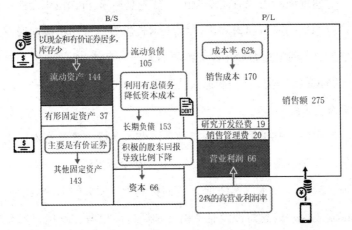

图5-13　Apple的财务报表（2020年9月，单位：10亿美元）

值得注意的是，Apple只有40亿美元的库存，只够销售5天。为了持有库存，Apple需要大量现金，所以拥有的库存越多，公司的资本效率就越低。

除了缩小产品阵容，Apple还通过提高需求预测、生产计划和库存管理的准确性，将库存降到了极限。此外，Apple有很强的与外包制造的供应商交涉的能力，因此可以推断，不购买不必要的库存这一事实也进一步减少了库存。

Apple的其他固定资产（1430亿美元）主要是有价证券（用于长期持有），记录金额为1010亿美元。

我们再看一下Apple的B/S的右侧，最突出的是高负债率，Apple的自有资本比率仅为20%。

上述现象的出现有两个原因，首先是Apple自2012年以来一直在推行积极的股东回报政策。Apple增长放缓，开始积极向股东返还股息。当时恰逢蒂姆·库克继领袖人物史蒂夫·乔布斯之后接任Apple的CEO，通过将利润返还给股东的方式，Apple净资产的相对份额有所下降。

其次是Apple试图利用有息债务的节税效应来降低资本成本，通过持有有息债务，企业将支付利息，减少所得税。这样做的结果是税额减少、资本成本降低，我们称其为"债务的节税效应"。详细阐述这一概念将涉及企业财务领域，所以我在这里只做简单介绍。

让我们再看一看Apple的P/L，其销售额为2750亿美元，而销售成本为1700亿美元。Apple的成本率为62%，扣除研究开发经费和销售管理费后，营业利润为660亿美元，营业利润率处于24%的高位。

Apple的财务报表在10年间发生了哪些变化

接下来，让我们对比一下Apple2010年9月期和2020年9月期的财务报表。

首先，让我们从P/L开始进行比较，如图5-14所示。

10年间，Apple的销售额从660亿美元增加到了2750亿美元，增长了3倍以上。Apple的营业利润率在2010年9月期为27%，在2020年9月期为24%，虽然略有下降，但仍处于较高水平。

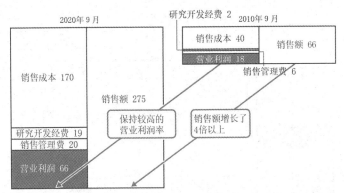

图5-14　2010年9月与2020年9月Apple的P/L对比（单位：10亿美元）

下面我们来看一看Apple的B/S，如图5-15所示，B/S的规模也跟P/L一样，比10年前增长了3倍多。从B/S资产侧来看，Apple的有形固定资产增长了6倍以上。这受到了Apple在制造设备和机械方面大举投资的影响，2020年9月期，其有形固定资产金额达到370亿美元（约4万亿日元）。Apple在制造外包时，就已经转变为另一种商业模式，即自主购买制造设备，在制造承包商的工厂进行安装并生产。

人们对Apple有一种根深蒂固的印象，即Apple是一家没有生产线的企业，事实上2010年9月期的B/S也的确呈现出了这样的形态，但这种印象并不一定与该企业当下的状态相匹配。

索尼的财务报表有哪些特点

接下来，我们来看一看索尼的财务报表，如图5-16所示。索尼

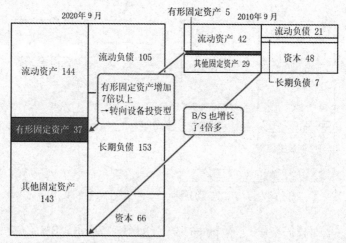

图5-15　2010年9月与2020年9月Apple的B/S对比（单位：10亿美元）

采用的是美国通用会计准则，因此，科目名称等与日本标准不同，但我在不影响本质的情况下进行了适当修改。

索尼从事金融业务，因此，其财务报表的一个特点是B/S规模远大于P/L。有价证券报告书显示，索尼金融领域总资产为15.909万亿日元，金融领域以外的总资产为7.373万亿日元，金融领域资产约占总资产的68%。在金融领域，被归类为固定资产的投资和贷款（12.458万亿日元）与流动资产的有价证券（1.848万亿日元）占索尼资产的大部分。在负债方面，记录了索尼银行业务的客户存款（2.441万亿日元）和保单负债及其他（6.246万亿日元）等。

在金融业务中，筹资和投资之间的差额基本上就是利润，所

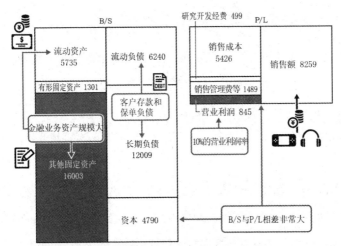

注1：有形固定资产包括使用权资产，长期负债包括可赎回的非控股权益
注2：销售额包括金融业务收入和营业收入，销售成本包括金融业务费用，
销售管理费包括其他营业收入和权益法规定的投资收益

图5-16 索尼的财务报表（2020年3月，单位：10亿美元）

以B/S的规模要大于P/L的规模，这就是索尼的B/S和P/L区别巨大的
原因。

将P/L项目分为金融业务和其他业务来看，索尼金融业务收入
为1.3万亿日元，金融业务费用为1.172万亿日元，除金融业务之外
的销售额为6.856万亿日元，销售成本（不包括研究开发经费）为
4.254万亿日元。从这些数字也可以看出，索尼金融业务使用的资
金量很大，但记在P/L上的金额却很小。

最终，索尼的营业利润为8450亿日元，营业利润率为10%。

索尼的财务报表在10年间发生了哪些变化

让我们也比较一下索尼2010年与2020年的财务报表，从P/L（见图5-17）来看，该企业在2010年3月期的营业利润为320亿日元，因不断推进销售成本和销售管理费等的成本削减，索尼已经成功构筑了能够赢利的体制，因此，2020年3月期的营业利润达到了8450亿日元。

Apple与索尼的业务板块划分不同，无法进行单纯的比较，但我们可以从新闻上了解到，2010年3月，消费性电子产品与装置设备、网络产品与装置设备等主力业务板块曾呈现赤字，2020年3月，游戏与网络服务的利润为2380亿日元，成像传感解决方案（半导体）业务的利润为2360亿日元，索尼的各项业务均可产生利润。例如，索尼游戏业务中的订阅（统一费率计费）服务PlayStation Plus、半导体业务中的图像传感器业务已能够产生稳定的利润。

另外，从2010年3月到2020年3月，索尼的B/S（见图5-18）几乎翻了一倍。正如我们目前所看到的，这是由于索尼金融业务规模的显著扩大。

重申一下，在金融业务中，索尼所产生的收入与使用的资金相比是很小的，与B/S的膨胀程度相比，P/L的规模在这10年并没有太大变化。

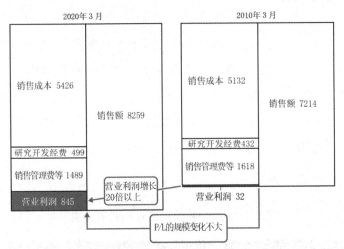

图5-17　2010年3月与2020年3月索尼的P/L对比（单位：10亿日元）

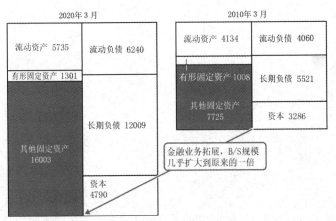

图5-18　2010年3月与2020年3月索尼的B/S对比（单位：10亿日元）

📈 对比要点

在本节中，我们解读了Apple和索尼的财务报表。在将商业模式从无生产线型转向设备投资型的同时，Apple还在发展以数字产品及周边软件和服务为核心的业务；而索尼则是不仅涉足硬件和软件，还涉足金融业务的集团型商业模式。

最后，我们用关键词来总结一下两个公司的商业模式的特点，如表5-3所示。

表5-3　Apple和索尼商业模式的特点

公司	商业模式的特点
Apple	无生产线型→设备投资型
索尼	硬件、软件、金融集团型

流媒体服务企业的商业模式和财务报表

内容投资和经营CF是什么关系

在本节中，让我们看一下Netflix和Spotify的财务报表，如图5-19所示。

Netflix提供视频流媒体服务，Spotify提供音乐流媒体服务，两家公司都被称为全球性流媒体服务商。Netflix使用美国通用会计准则，Spotify使用IFRS，但和之前的章节一样，我将不拘泥于细节地比较这两家公司。

比较两家公司的CF报表，可以看出，Spotify的经营CF为正，而Netflix为很大的负值，造成这种差异的原因是什么呢？

在阅读和理解两家公司的财务报表时，需要考虑4点。

● Netflix的"内容资产"是什么？

● 为什么即使Netflix的P/L利润有盈余，经营CF仍处于亏损

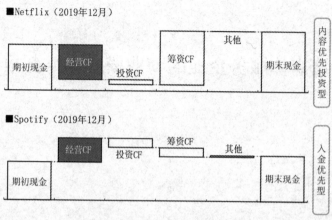

图5-19　流媒体服务企业的CF报表

状态？

● 为什么Spotify的P/L利润是亏损的，但经营CF有盈余？

● 两家公司的收入模式有何不同？

让我们分别来看一看每个问题。

Netflix的"内容资产"是什么

如图5-20所示，看Netflix的B/S，首先映入眼帘的是海量的"内容资产"。在探讨内容资产被记入财务报表的原因之前，我们先来了解一下Netflix的概况。

截至2020年9月，Netflix是全球最大的视频流媒体服务企业，在全球拥有约1.95亿付费会员。

最初，Netflix从事在线DVD租赁服务，但自2007年以来，该企

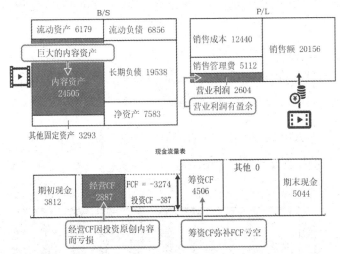

图5-20　Netflix的财务报表（2019年12月，单位：百万美元）

业将按需发布视频内容的流媒体服务定位为他们的核心业务并迅速扩大了自己的业绩。

Netflix的流媒体服务最初是通过个人电脑发布视频的，但也支持在游戏机、iPad和智能手机上发布，发布区域从北美扩展到欧洲、大洋洲和亚洲，自2016年起，在全世界开展服务。

在众多视频流媒体服务中，Netflix以专注于制作和发布原创内容而闻名。2017年，Netflix原创作品《白头盔》获得奥斯卡最佳纪录短片奖。2018年，《伊卡洛斯》获得奥斯卡最佳纪录长片奖。此外，Netflix还推出了以《怪奇物语》为代表的原创剧集、威尔·史密斯主演的原创电影《光明》等多部热门作品。

这些对内容的投资是Netflix的B/S中内容资产高达245.05亿美元的原因，Netflix对内容进行巨额投资，以维持和加强其原创视频内容的实力。

为什么即使Netflix的P/L利润有盈余，经营CF仍处于亏损状态

尽管Netflix的P/L是盈利的，但经营CF仍处于亏损状态，这种对内容的投资方式也是原因之一。

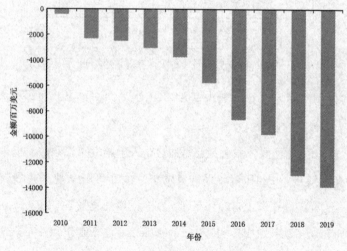

图5-21　Netflix对流媒体内容的投资

图5-21显示了"流媒体内容支出"（用于制作和获取视频内容的现金支出）在Netflix经营CF分类中的变化。2010年12月，流媒体

内容支出为4.06亿美元，但在2019年12月，这一项达到了139.17亿美元。

流媒体内容的支出不会立即计入P/L，但会在B/S上记录为内容资产，大部分内容资产将在4年内摊销并成为P/L上的费用（折旧费）。

在内容上花费的金额与折旧成本之间的差异是造成利润和经营CF之间差距的主要因素，由于这些积极的投资，Netflix的经营CF和FCF已经呈现出了巨大的负值。负的FCF意味着现金短缺必须通过筹资CF来弥补，事实上，Netflix通过发行公司债券等为这些投资筹集了必要的资金。

为什么Spotify的P/L利润是亏损的，但经营CF有盈余

接下来，让我们探讨一下，为什么大型流媒体音乐发行企业Spotify在P/L利润为亏损的情况下，其经营CF仍处于盈利状态。Spotify的财务报表如图5-22所示。

图5-23则显示了Spotify经营CF的主要分类，Spotify经营CF为正的原因大致可以分为三点，即"股份薪酬固定"、"营业和其他负债的增加"和"递延收益增加"（除此之外，不伴有资金流出的金融费用等也会影响现金流，但此处不予讨论），我会从图中左侧开始依次说明。

首先，"股份薪酬"是指管理层和员工的股份薪酬金额。基于股份的薪酬在P/L中被记录为费用，但这种基于股份的薪酬不伴随

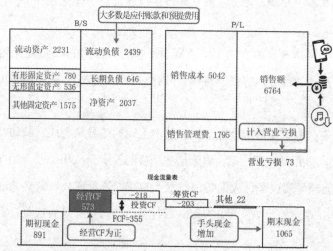

注：有形固定资产包括使用权资产

图5-22　Spotify的财务报表（2019年12月，单位：百万欧元）

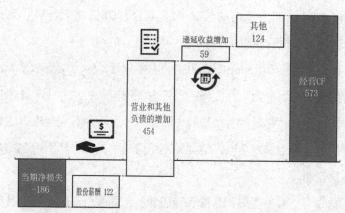

图5-23　Spotify经营CF的主要分类（2019年12月，单位：百万欧元）

现金流出，因此在现金流计算中呈正值。

其次是"营业和其他负债的增加"，"营业和其他负债"是包括在流动负债中的应付账款和预提费用。对于Spotify来说，这主要是未支付的音乐使用费金额。未支付的音乐使用费金额的增加意味着现金支出相应减少，因此其现金流将是正数。

此外，"递延收益增加"也在增加现金流。除了常规的月度计划，Spotify还提供"年度计划"，用户支付1年的使用费即可享受相应的折扣。作为递延收益，从计划加入者处获得的使用费收入也是现金流为正的一个积极因素。

基于此，Spotify的商业模式可以说是一种销售收入计入财务报表的时间先于音乐使用费支付时间的商业模式。因此，如果销售规模扩大，现金也会相应增加。

通常，随着业务规模的发展，企业需要额外的营运资金，但Spotify的情况恰恰相反。

Spotify于2018年4月在纽约证券交易所上市时，采取了直接上市（direct listing）的方式，为了减少上市所需的成本和时间，在上市时不发行新股。

由于Spotify的商业模式是现金随着销售额的增加而增加，因此其上市时无须通过发行新股来筹集资金。

你可能会问："为什么Spotify在不需要筹集资金的情况下上市？"上市不仅可以帮助企业筹集资金，也可以增加现有股票的流动性（买卖的便利性）。Spotify可能希望通过上市自己的股票创造一个现有股东可以轻松出售其股份的环境。

两家公司的收入模式有何不同

Netflix和Spotify都采用了所谓的"订阅型"商业模式，根据服务的使用期限赚取计费收入。然而，两家公司的货币化模式略有不同。

表5-4　Netflix和Spotify收益化模式的差异

（2019年第四季度）

	会员数（百万人）		销售（百万美元/百万欧元）	
	Netflix	Spotify	Netflix	Spotify
付费会员	167	124	5339	1638
免费会员	0	153	0	217

表5-4总结了2019年第四季度Netflix和Spotify的付费和免费会员数量及其各自的销售额，两家公司之间有两个主要区别。

一是Netflix没有免费会员，而Spotify的免费会员多于付费会员；二是Spotify能够从免费会员那里获利。

Spotify的免费会员无须支付使用费，但歌曲之间会播放广告，这个广告费就是来自免费会员的收入。

我们有时会将结合免费会员和高级会员的商业模式称为"免费增值"，此外，将广告收入作为收入来源的商业模式称为"广告模式"，Spotify的商业模式结合了上述两者的特点。

📊 对比要点

全球领先的流媒体服务提供商Netflix和Spotify均采用订阅模式，但它们的商业模式存在很大差异。

主打原创内容的Netflix的经营CF为较大负值；而Spotify的经营CF为正，而且即使上市，也不需要发行新股。

另外，Spotify商业模式的特点之一是通过针对免费会员的广告收入实现免费会员的货币化。最后，我们用关键词来总结一下Netflix和Spotify的商业模式特点，如表5-5所示。

表5-5　Netflix和Spotify商业模式的特点

公司	商业模式的特点
Netflix	订阅模式；内容优先投资型
Spotify	订阅、免费增值、广告模式；入金优先型

结语

Ending

　　我写本书是想制作一本将B/S、P/L、CF报表等财务报表转换为上一本书《财报知道答案》中介绍的比例尺图和瀑布图，并能作为图鉴查看的图书。通过图解财务报表，我们可以在短时间内直观地阅读许多公司的财务报表，并在享受乐趣的同时培养阅读财务报表的能力。

　　正如我在前言中所说，为了提高阅读财务报表的能力，阅读"经验"很重要。为了能在短时间内获得经验，我认为阅读图鉴类财务报表是最有效的方式。

　　在编写本书时，为突出各行业独特的商业模式，同时捕捉各行业公司财务报表的共性，我在选择公司案例方面绞尽了脑汁。

另外，在解说每家公司的财务报表时，我会尽量使描述简洁，同时确保自己能够准确理解其商业模式。本书涉及的案例企业都是具有独特商业模式和战略的企业，因此有关各企业的详细内容也都十分有趣，但是，过于详尽的解说并不符合本书的特点。

作为作者，没有什么比这本书能帮助读者享受阅读财务报表的乐趣、提高阅读和理解财务报表的能力更让我高兴的了。

应该选择什么样的公司作为案例？在解说这些公司的财务报表时应该注意哪些方面？给予我灵感的是我在推特上开设的"会计思维能力入门研讨会"的参与者。会计思维能力入门研讨会就像是一个会计知识问答活动，参与者可以根据以图表形式呈现的财务报表猜测公司名称，他们所撰写的如何推理公司名称、应着眼于哪些要点等推文对我编写这本书有很大帮助，在此，我要由衷地感谢会计思维能力入门研讨会的各位参与者。

在编写本书的过程中，我得到了永石信（中京大学国际学部教授）的宝贵建议。他也是会计思维能力入门研讨会的热心参与者之一，此外，他在一些讲座与研讨会上与学生的互动也让我在编写本书时有了不同的体会，在此，我深表感激。

此外，衷心感谢日本实业出版社赞同本书的策划和内容，并给予我出版的机会。尤其是该社第一编辑部的各位，从构思到构成、写作、图表设计等，都给予了我很大的支持。

由于篇幅所限，无法一一列举，但我要向所有帮助我完成本书的人表示衷心的感谢。

　　最后，我还要感谢自己的家人在本书写作过程中一直给予我鼓励和支持，非常感谢。

2021年9月

矢部谦介